ESCUCHANDO
EL LLAMADO
DE DIOS

PUBLICACIONES
KERIGMA
Ἐν ἀρχῇ ἦν ὁ Λόγος

ESCUCHANDO EL LLAMADO DE DIOS

DISCERNIENDO EL LLAMADO DE
DIOS PARA TU VIDA Y MINISTERIO

BEN CAMPBELL JOHNSON

PUBLICACIONES
KERIGMA

Ἐν ἀρχῇ ἦν ὁ Λόγος

Escuchando el llamado de Dios: Dicerniendo el llamado de Dios para tu vida y ministerio.

Publicado originalmente en ingles bajo el título: *Hearing God's Call: Ways of Discernment for Laity and Clergy*, por Wm. B. Eerdmans Publishing Co.

Traducción al español: Jorge Ostos
Edición y maquetación: Mauricio A. Jiménez

© 2020 Publicaciones Kerigma
Salem Oregón, Estados Unidos
http://www.publicacioneskerigma.org

Diseño de Portada: Publicaciones Kerigma

2020 Publicaciones Kerigma
Salem, Oregón
All rights reserved

Pedidos: 971 304-1735

www.publicacioneskerigma.org

ISBN: 978-1-948578-60-8

Impreso en los Estados Unidos
Printed in the United States

Dedicado a las personas que me contaron las historias de sus llamados y a las siguientes personas, que leyeron este manuscrito e hicieron muchas sugerencias útiles:

Ted Bayley
Phil Branson
Bettie Graves
Don y Joan Beerline
Frances Dille
Andrew Dreitcer
Charlotte Keller
James Holderness

Contenido

Prefacio

Dios siempre ha llamado a los seres humanos a compartir la misión divina en el mundo—y todavía lo hace. Dios llama a mujeres y hombres al ministerio ordenado en la iglesia, y llama a otros seguidores de Cristo a ministerios especiales tanto en la iglesia como fuera de ella.

Una de las preguntas persistentes en las mentes de los clérigos serios y de los laicos que buscan pueden ser declaradas simplemente: «¿Me está llamando Dios a hacer este trabajo o este ministerio?» Un llamado de Dios tiene el poder de la convicción de que no es sólo nuestro trabajo, sino que es algo que Dios quiere y puede hacer.

Siguiendo de cerca esta cuestión hay otra de igual urgencia: «¿Cómo sé que el llamado viene de Dios y no de mis propios anhelos o temores inconscientes o incluso influencias culturales en mis percepciones y decisiones?» Esta pregunta nos lleva directamente a la cuestión del discernimiento. En este caso, el discernimiento es el proceso de determinar cuál es el llamado de Dios para nosotros y cuál no.

A medida que entramos en una nueva era para la iglesia, provocada por los rápidos cambios culturales, los asuntos del llamado y discernimiento son ahora más urgentes para los laicos y el clero. Creo que los temas de este siglo se centrarán especialmente en los hombres y mujeres laicos que escuchen el llamado de Dios a ministerios significativos tanto dentro como fuera de los límites de su congregación local. Algunos de estos ministerios serán llamados a obras de compasión, y otros serán llamados a servir a Dios como un abogado o un maestro o un trabajador de la construcción. Por supuesto que Dios llama a ciertos individuos a un ministerio ordenado dentro de la iglesia. Pero cada vez más me encuentro con hombres y mujeres en cada rincón de esta nación que sienten el llamado de Dios a ministerios que no requieren de ordenación en el sentido formal. Algunos han respondido con entusiasmo y ahora están activamente comprometidos con su llamado. Otros aún no han entendido los caminos de Dios con ellos y se han quedado preguntándose sobre sus inexplicables experiencias. Otros han escuchado el llamado de Dios, pero se han resistido a él. Estas diversas situaciones apuntan de nuevo a la importancia y necesidad de discernimiento.

Pero los laicos no están solos en la necesidad de discernimiento. El clero también siente la presión de probar su llamado, de reafirmarlo en nuevas formas de ministerio en un contexto social cambiante. Algunos de estos ministros están cerca de la jubilación, pero saben que el contexto del ministerio ha cambiado. Se encuentran atrapados entre la lealtad a sus modos tradicionales de ministerio y la necesidad de responder a las nuevas demandas creadas por los cambios culturales.

Otra clase de clérigos eligió la profesión ministerial porque los desafiaba intelectualmente, les ofrecía una manera de servir a la gente y les daba una posición en la comunidad. De repente estos ministros culturalmente condicionados han despertado a una sociedad secular que ya no conoce o confía en las afirmaciones esenciales de la iglesia. En resumen, se encuentran en una situación misionera sin las habilidades para hacer un trabajo misionero básico. ¿Cómo disciernen estos individuos el llamado de Dios?

Tal vez el grupo de ministros más desilusionado consiste en aquellos que se han graduado de los seminarios principales en la última década. Sus antecedentes y experiencia definieron el ministerio para ellos. Su entrenamiento los preparó para el ministerio en una iglesia de otra era. Su dolor se puede sentir en su confesión lastimera: «Sentimos que hemos sido preparados para pastorear iglesias que ya no existen». ¿Cuál es el llamado de Dios para ellos?

En una era caracterizada por dramáticos cambios culturales, nuevas demandas están siendo puestas sobre el ministerio, y su estilo debe cambiar. Todas las tácticas utilitarias y de supervivencia están condenadas al fracaso. Este nuevo día radical exige nuevos tipos de ministerio a través de personas que están capacitadas por un llamado de Dios.

Ben Campbell Johnson

CAPÍTULO UNO

Dios está llamando hoy

Escuchar el llamado de Dios otorga un honor inigualable a los seres humanos. Este incomparable llamado nos eleva a nuestra verdadera dignidad como criaturas hechas a imagen y semejanza de Dios. Piensen por un momento en el inestimable regalo del Creador y Sustentador del universo que les habla. ¿Qué afirmación podría ser más grande que la conciencia de que Dios conoce tu nombre, te habla y te invita a participar en la intención divina para el mundo? Este llamado divino a la gente común como tú y yo ha estado ocurriendo desde el principio del movimiento cristiano—y todavía ocurre hoy. Estoy encontrando—de una manera sin precedentes—numerosos individuos que se preguntan sobre el llamado de Dios en sus vidas. Muchos experimentan signos notables de la presencia de Dios. Y Dios no sólo está llamando a la gente a unirse al clero. Su llamado es mucho más amplio y profundo que eso. Una descripción de algunos de estos llamados le dará una idea más clara de lo que quiero decir.

Historias del llamado de Dios

La historia de Richard

La primera persona que quiero presentarles es Richard, un joven abogado de unos cuarenta años. Pensó que Dios podría estar llamándolo al ministerio ordenado, y para explorar este llamado estaba visitando el Columbia Theological Seminary, donde yo enseñaba. El departamento de admisiones del seminario a menudo me enviaba futuros estudiantes que habían tenido una profunda experiencia espiritual. La secretaria de admisiones me hizo una cita para hablar con Richard. Cuando fui a mi oficina para la cita, le pregunté a mi asistente administrativo, que también es mi esposa, si sabía algo sobre este hombre. Me dijo que no.

Cuando Richard llegó, nos presentamos, nos dimos la mano y nos sentamos en la mesa redonda que usé como escritorio. Le pedí a Richard que me hablara de sí mismo y de lo que le había traído al seminario. Empezó contándome el viaje de misión que había hecho a México. Todos los días trabajaba con gente pobre para construir una iglesia, y todas las noches adoraba con ellos. La experiencia le había afectado de maneras que no podría describir, como un misterioso encuentro con la Presencia de la tierra del silencio. Después de regresar a casa, me dijo, continuó pensando en su tiempo en México y también comenzó a tener experiencias extrañas—al menos, eran extrañas para él.

En este punto se detuvo, me miró profundamente a los ojos y dijo: «Creo que puedo confiar en usted».

Asentí con la cabeza.

Luego continuó, «¡Él ha estado hablándome!»

«¿Quién, Richard? ¿Quién ha estado hablando contigo?»

«Dios».

«¿Qué te está diciendo, Richard?»

«Me ha estado diciendo que me ama y que tiene algo que hacer».

Por lo que Richard me había dicho sobre su encuentro con Dios en México, este giro de los acontecimientos no me sorprendió. Dios estaba trabajando en su vida.

Después de que Richard habló durante una hora sobre cómo Dios estaba trabajando a través de él en el pequeño pueblo del sur en el que vivía, me sorprendí diciendo: «Richard, creo que tal vez deberías volver a casa y seguir escuchando a Dios para que te diga lo que debes hacer en tu iglesia y en tu comunidad». ¿Por qué lo estaba rechazando del seminario? (Mi recomendación me sorprendió porque fue la primera persona a la que le aconsejé que *no* fuera al seminario. Generalmente animaba a gente como Richard a venir y estudiar durante un año para explorar su llamado.)

Elegí compartir esta reunión con Richard porque su historia es como la de muchas personas que he conocido o escuchado. Había sido miembro de la iglesia toda su vida. Entonces el Espíritu de Dios comenzó a despertarlo en un nivel profundo. La gente a su alrededor le sugirió que fuera al seminario porque no sabían qué más hacer con un congregante que estaba espiritualmente vivo y con celo de Dios. Por supuesto, estos compañeros no tenían más que buenas intenciones para Richard. Reconocieron el dramático cambio en su vida, y sintieron que lo apoyaban en la voluntad de Dios. Pero se me ocurrió que, aunque

Dios trataba a Richard de manera especial, no lo llamaba necesariamente al ministerio ordenado.

Cuando Richard regresó a su ciudad natal, comenzó a hacer el trabajo de Dios de manera maravillosa. Comenzó un pequeño grupo de oración. Visitó a todos los ministros de la ciudad y se convirtió en una fuerza unificadora entre ellos; él y su ministro comenzaron a patrocinar servicios conjuntos con otras denominaciones. Y Richard comenzó a considerar que Dios podría estar guiándolo a buscar un juicio. Dios lo había llamado claramente, pero no fue, en ese momento, llamado al ministerio ordenado.

La historia de Carol

Carol, una persona a la que conocí por accidente, tiene una historia diferente de vocación. Ella era una persona que había sido tocada por el Espíritu de Dios. Carol había venido a Atlanta a visitar a su futura cuñada. Sucedió que era secretaria en Columbia, cuya oficina estaba al otro lado del pasillo de la mía, así que fue conveniente que Carol pasara por mi oficina e investigara el programa que yo dirigía.

En el momento en que me senté a hablar con Carol, sentí algo especial en ella. Su cara estaba radiante. Su voz era fuerte y segura de sí misma. (Tal vez «asegurada de Dios» sea un término mejor.) Inmediatamente quise saber su historia y cómo había llegado a este lugar de vida espiritual.

Se describió a sí misma como una miembro marginal de la iglesia que no participaba mucho. Entonces le ocurrió una tragedia que amenazó su existencia. Con una voz que expresaba su asombro, describió cómo se mantuvo en los brazos del amor durante su período de angustia y desesperación. En ese momento, no sabía el nombre de este amor, pero sospechaba que era la presencia de Dios.

Cuando su vida empezó a surgir de las cenizas del dolor y la pérdida, encontró el camino hacia un pastor que escuchó su historia con simpatía y comprensión. La animó a creer que la oscuridad estaba pasando y que una nueva luz estaba empezando a abrirse paso.

Pronto Carol tuvo individuos que se acercaron a ella en busca de ayuda. Muchos le preguntaron qué le había pasado. A veces se sentía incapaz de explicar la transformación que estaba experimentando. Más de una vez una persona le preguntó cómo encontró la paz y la alegría que emanaba de ella. Se encontró casi sin palabras, pero con frecuencia respondía: «Oro mucho».

Mucho antes de que Carol supiera del llamado de Dios a ella, comenzó a invitar a las mujeres a su casa para discutir y orar. Pronto las mujeres con las que Carol hablaba y oraba comenzaron a experimentar la Presencia en sus vidas. Afortunadamente, Carol tenía un pastor que entendía su naciente nueva vida. Sin miedo, le pidió que empezara una clase en la iglesia. Cuando empezó a enseñar, el puñado de personas que aparecieron por primera vez rápidamente se convirtió en un grupo grande que pronto superó el espacio asignado. No es sorprendente que cada vez más gente la buscara con preguntas. Pronto estaba dirigiendo retiros de fin de semana para los miembros de su iglesia.

Cuando conocí a Carol, su «explosión» de nueva vida había estado ocurriendo durante varios meses. En el momento de nuestro encuentro inicial, ella estaba reflexionando sobre dos preguntas: ¿Cómo podía prepararse para el ministerio que estaba desarrollando, y cómo podía discernir el nuevo ministerio al que Dios la estaba llamando?

Después de hablar con Carol, añadí mentalmente su nombre a la creciente lista de personas con historias como la suya que estaba conociendo por toda la nación. Cada vez más sentía que Dios estaba haciendo algo especial no sólo con el clero sino también con los laicos. Empecé a preguntarme si Dios estaba tocando las vidas de personas desprevenidas y guiándolas hacia formas de ministerio más fructíferas.

La historia de Martha

En California conocí a otra mujer igualmente fascinante llamada Martha que había escuchado el llamado de Dios a un ministerio específico. Ella era «cuasi-clériga» o «cuasi-laica», dependiendo de cómo se mire. Ella calificó como una de esas nuevas clases de personas a las que Dios está despertando a la verdad de que hay más en la vida que el dinero, el poder y el prestigio. Se había inscrito y graduado en un seminario teológico, pero nunca tuvo la intención de pastorear una iglesia.

Hice una cita para reunirme con ella en un pequeño restaurante de la esquina en Pasadena. Incluso antes de que llegara nuestro café, le pedí que me hablara de su experiencia con el Espíritu de Dios en su vida. Comenzó describiendo su profundo interés en Dios y su elección de perseguir ese interés. Me dijo que fue al seminario para descubrir al Dios que se hacía cada vez más evidente en su vida. Poco después de que se inscribió en el seminario, como parte de su formación, se inscribió en un curso de educación clínica. Pronto se encontró trabajando como interna en un hospital.

Su supervisor la colocó en una habitación con quince niñas menores de cinco años. Durante su breve orientación se le dijo que cada una de ellas había sufrido abusos sexuales. Esta revelación dejó a Martha atónita. Esa noche se fue a casa y lloró. Y la voz interior no la dejó descansar. Noche tras noche lloraba cuando los rostros de las niñas aparecían ante ella. Algo había que hacer ante tan deplorable situación, y Dios comenzó a reclamarla para la tarea.

La preocupación de Martha no había disminuido cuando terminó el curso, así que llevó el incipiente llamado con ella a su siguiente tarea práctica. Además de su trabajo en el aula, fue asignada a trabajar en una iglesia cerca del campus de la UCLA. Habló con el ministro de la iglesia sobre las necesidades de los niños y la persistente sensación de que tenía que responder a los niños abusados. Él la animó a que lo convirtiera en una cuestión de oración. Martha le contó a su marido la conversación con el ministro y su sugerencia. Para obtener mayor claridad, ella y su marido decidieron tomarse un fin de semana en Santa Bárbara para orar por el llamado. Ambos regresaron de ese fin de semana con un profundo sentido del llamado.

Cuando Martha recordó los rostros de esos niños abusados sexualmente en el hospital, tuvo la visión de conseguir que las familias de la iglesia llevaran a esos niños a sus casas durante tres o cuatro meses hasta que los niños pudieran ser colocados adecuadamente en hogares de acogida. Cada familia que acogía a un niño tenía otra familia que oraba por ellos y que se encargaba de cuidar a los niños durante un fin de semana cuando necesitaban un descanso. Después de que Martha discutiera esta visión con el ministro, él le dio permiso para presentarla a la congregación. Después de escuchar su historia, la congregación dio 7.000 dólares para financiar el sueño.

Implementar este sueño no fue fácil. Se presentaron un problema tras otro—problemas con los funcionarios locales, con los miembros de la iglesia y con la financiación continua. A través de todo esto, Martha seguía diciendo, «Dios nos llamó a hacer este trabajo, y lo haremos». Descubrió que su verdadera prueba vino cuando se comprometió con el ministerio de esta manera.

A pesar de sus problemas iniciales, el ministerio comenzó a tener éxito y recibió una mayor atención local. Después de que algunos experimentos demostraron la viabilidad del plan, Peter Jennings de ABC News entrevistó a Martha, y ella pudo contar su historia a millones de espectadores. Gente de todo el país comenzó a llamar y preguntar sobre cómo podían crear ministerios similares en sus propias comunidades.

¿Ves cómo esta persona laica que fue llamada por Dios tuvo una visión que fortaleció mi convicción de que Dios está haciendo algo nuevo en medio nuestro?

La historia de Daniel

Daniel es otra persona cuya historia ilustra el llamado de Dios. Habría asustado a algunos pastores con su certeza sobre el trabajo de Dios en su vida. Durante años había sido un miembro nominal de una iglesia de línea principal en un pequeño pueblo industrial del sur. Se estaba abriendo camino en la escalera de la administración del negocio familiar. Invitado por un amigo, asistió a una cena organizada por la Fellowship of Christian Athletes, donde escuchó a un respetado entrenador local dar testimonio de su fe en Jesucristo.

Aunque Daniel ya había escuchado testimonios cristianos antes, Dios usó este testimonio en particular para despertar su fe. La semana siguiente comenzó a leer la Biblia en serio. Se levantó temprano y se quedó hasta tarde para buscar su camino a través de las Escrituras. Leyó toda la Biblia en sólo unos meses.

Las verdades de la Biblia comenzaron a abrirse camino en su vida interior. Empezaron a liberarlo y a abrirle nuevas posibilidades para su vida. Su comportamiento cambió. Asistir a la iglesia y adorar a Dios se convirtieron en prioridades para él. Hablar con líderes y ministros cristianos inspiró su incipiente fe y lo guió en su camino.

Después de haber estado en este viaje durante un año, Daniel comenzó a sentir un llamado al ministerio. No interpretó este llamado como una invitación a estudiar y prepararse para pastorear una iglesia. Más bien, Daniel tuvo la visión de entrenar a otros laicos como él en los caminos y la obra de Dios. Al describirme su sentido del llamado, dijo: «No veo claramente lo que Dios me está llamando a hacer, pero parece que estoy siendo llamado a iniciar una escuela para equipar a hombres y mujeres laicos para el ministerio». Había levantado su vela para atrapar la brisa del Espíritu.

Daniel representa a decenas de laicos que necesitan ayuda para reconocer la guía de Dios. Necesitan discernimiento. Espero ser de ayuda para individuos como Daniel que buscan la voluntad de Dios para sus vidas.

Estas historias representativas reflejan la experiencia de miles de laicos en toda esta nación que están siendo llamados por Dios para ser sus compañeros en el ministerio. Estas historias ilustran vívidamente mi tesis de que Dios tiene la intención de llamar a los seguidores de Cristo a un ministerio significativo hoy en día.

A medida que este libro se desarrolle, relataré las historias de otros individuos igualmente serios cuyas vidas Dios está moldeando para el ministerio. Les contaré sobre un buen amigo mío en California que ha vendido su negocio, terminó el seminario como laico, y está buscando el claro llamado de Dios, pero aún no sabe cuál es. Le contaré la historia de una mujer que, después de años de enseñar francés, se sintió llamada a ministrar a los moribundos. Estudió consejería e hizo su propio trabajo clínico en preparación para estar con la gente durante sus últimas horas en la tierra. También te contaré la historia de un amigo cercano que ha luchado con la iglesia institucional durante años, pero se ha visto llamado a un ministerio con los indigentes.

Historias del llamado de Dios al ministerio ordenado

En formas ordinarias y dramáticas, Dios todavía llama a mujeres y hombres al ministerio ordenado. He oído muchas historias de personas que están en el proceso de responder a un llamado al ministerio dentro de la iglesia. Recientemente hablé con Tom Rayford, un recién graduado del seminario, sobre su llamado.

Tom se crió en un hogar cristiano, y asistió a la iglesia y participó en las actividades de la misma desde que tiene memoria. Durante mucho tiempo se sintió bastante avergonzado por el hecho de no poder nombrar el día o la hora específicos en que se convirtió en cristiano, pero luego comenzó a celebrar el hecho de que siempre había sido consciente del amor de Dios por él. Su llamada no vino de luces intermitentes en el cielo o de un evento dramático en su vida; creció naturalmente a partir de su maduración en la fe.

Experiencias como asistir a conferencias y talleres y viajes de misión lo enriquecieron y formaron como un joven. A través de estas experiencias de crecimiento desarrolló un deseo de servir a Dios con toda su vida. Pero nunca consideró entrar en el ministerio hasta que estaba en el último año de la universidad. Entonces, cuando estaba en casa para una visita, un pastor con discernimiento le preguntó si alguna vez había pensado en entrar en el ministerio. Rápidamente respondió que no lo había hecho, pero, aun así, se sembró una semilla. Y después de graduarse de la universidad, pasó un año como trabajador juvenil en una iglesia.

Todas estas experiencias pusieron el ministerio ordenado en su mente, pero no constituyeron, para él, un llamado. Los eventos que lo llevaron a su llamado específico tienen un aura de misterio. Implicaron una lucha política en su iglesia natal. Se había elaborado una lista de oficiales de la iglesia, y la generación más joven se sentía excluida de la lista. La iglesia estaba dividida por la mitad en este asunto, y los dos lados estaban atrapados en una lucha de poder. Como Tom era respetado por ambos lados, el grupo más joven le preguntó si podían nominarlo desde el suelo. Tom pidió unos días para pensarlo, y durante este tiempo consultó con el pastor.

Mientras los dos hablaban, este pastor interino, que era un hombre mayor se emocionó bastante. Aconsejó a Tom que no se involucrara en la política de la iglesia. Pero también hizo una observación simple y directa que era mucho más importante para el joven graduado: «Dios tiene un plan para ti en su Iglesia». Después de la reunión, Tom no pudo sacarse estas palabras de la cabeza. Así que regresó con el pastor y compartió su experiencia y preguntó qué debía hacer. En dos semanas Tom comenzó una ronda de visitas a seminarios para probar su vocación. Cada paso que dio le hizo ver más claramente que esto era en realidad la obra de Dios y que estaba siendo llamado al ministerio ordenado. Siguió obedientemente, y ahora está ordenado al ministerio de Cristo en la iglesia.

En la historia de Tom podemos ver la mano de Dios moldeando a una persona mucho antes de que sepa lo que significan varias experiencias. La historia de Tom también demuestra cómo Dios trabaja a través de las circunstancias y a través de las palabras de sabiduría de otros en el discernimiento de un llamado. Tal vez de igual importancia para nosotros es la comprensión de que los llamados suaves y progresivos tienen la misma autenticidad que los llamados dramáticos y carismáticos.

En lugar de multiplicar las narrativas del llamado de Dios al clero hoy en día, utilizaré algunos ejemplos cuidadosamente elegidos para comunicar su situación, su hambre y su frustración mientras buscan ser fieles a su llamado. Algunas de las palabras más conmovedoras que escucho del clero provienen de ministros en cursos de doctorado, participantes en conferencias y retiros, y pastores en cuyas congregaciones he trabajado.

Un estudiante de doctorado que había salido del seminario durante unos cinco años me dijo: «Siento que he sido entrenado para pastorear una iglesia que ya no existe». Otro estudiante de doctorado estaba reflexionando sobre los nuevos conocimientos que había obtenido en un curso de espiritualidad del ministerio. Me comentó: «Si hubiera tratado de hablar con mis profesores en el seminario sobre estos asuntos, habrían pensado que estoy loco y que no soy apto para el ministerio. Pero este énfasis es precisamente lo que los miembros de la iglesia anhelan».

Un exitoso ministro que participaba en un serio programa de educación continua pidió una cita conmigo. En la privacidad de mi oficina confesó que había pasado la mayor parte de su ministerio buscando complacer a la gente, aumentar la membresía de la iglesia y elevar los presupuestos. «Me siento como un fracaso», me dijo, «porque he centrado mi vida en las cosas equivocadas». Otro pastor confesó, «Estoy cansado del ministerio diario. A menudo sueño con tomar unos cuantos pastorados interinos hasta que pueda retirarme».

¿Cómo deben interpretarse estas confesiones del clero? Podrías culparlos o cuestionar su integridad, pero creo que si lo hicieras se perdería lo que realmente está pasando. Estos clérigos están atrapados entre una situación social rápidamente cambiante y congregaciones que no quieren cambiar. Muchos de ellos no saben qué hacer con su llamado, la iglesia o su ministerio.

Sus congregaciones a menudo interpretan el dolor, la frustración y la confusión que experimentan como ineptitud ministerial. En lugar de esta evaluación negativa de los ministros de hoy, yo propondría la tesis de que Dios los está llamando de nuevo. Su dolor y pérdida de visión, y su resultante duda y cansancio, pueden ser los agentes mismos del llamado de Dios. Sus experiencias de impotencia en el ministerio son parte de la manera en que Dios les ayuda a hacer el cambio a la nueva agenda de Dios para la iglesia norteamericana. Me gustaría animar a estos ministros a hacer una pausa y escuchar a Dios, a escuchar hasta que escuchen de nuevo su llamado.

El misterio del llamado

Concluyo esta exploración del llamado con el reconocimiento de que el llamado siempre tiene un aura de misterio. Hace un tiempo mi esposa y yo hicimos un viaje a Australia. Una tarde, mientras paseaba por el puerto de Sydney, noté una serie de citas sobre Australia colocadas en marcadores a intervalos a lo largo del agua. Todas estas citas habían sido tomadas de las obras de los grandes literatos que han escrito sobre el «continente de abajo». Una de las citas en particular encendió mi imaginación. La novelista australiana Eleanor Dark escribió, «La tierra yacía en silencio. Del silencio surgió el misterio, la magia, y una conciencia cada vez más profunda de las cosas irreflexivas».

Estas palabras evocaron en mí un sentimiento de misterio, del tipo que a veces experimentamos cuando despertamos de un sueño. Es el tipo de conciencia que a menudo viene cuando entramos en contacto con lo sagrado o lo inexpresable. Dark debe haber experimentado una especie de asombro cuando consideró la grandeza de su patria. A menudo este tipo de experiencia acompaña a una llamada de Dios.

Yo mismo no escribo sobre la tierra, las montañas o los mares, pero sí sobre el contacto con lo sagrado, sobre el espíritu humano encontrado por el Espíritu Santo, sobre el «más allá» que se derrama entre nosotros. Los sentimientos sobre los que Eleanor Dark escribe parecen similares a los experimentados por la gente que me ha hablado de sus encuentros con Dios. En algún lugar del fondo de sus historias siempre parecía haber un profundo silencio, del que surgía el misterio, la maravilla y una nueva sensibilidad hacia las cosas tanto animadas como inanimadas. Mientras hablaba con numerosas personas de diversos orígenes, un arco sagrado, tanto misterioso como maravilloso, parecía abarcar sus historias e infundirles santidad.

Nadie ha descrito esta misteriosa llamada con mayor brevedad y profundidad que Carlo Carretto en su pequeño libro *Cartas del desierto*:

> El llamado de Dios es misterioso; viene en la oscuridad de la fe. Es tan fino, tan sutil, que sólo con el más profundo silencio dentro de nosotros podemos oírlo.
>
> Y, sin embargo, nada es tan decisivo y abrumador para un hombre o una mujer en esta tierra, nada más seguro o más fuerte.
>
> Este llamado es ininterrumpido: ¡Dios siempre nos está llamando! Pero hay momentos distintivos en este llamado suyo, momentos que dejan una marca permanente en nosotros, momentos que nunca olvidamos.[1]

En todo lo que escribo sobre el llamado de Dios, estoy seguro de que mis esfuerzos no iluminarán el misterio de los caminos de Dios con nosotros. El origen y la manera del llamado permanecerá envuelto en la «nube de lo desconocido». El llamado de Dios no puede ser manipulado o moldeado por manos humanas, sino que debe ser obedecido sin ningún conocimiento seguro sobre a dónde nos llevará. Por lo tanto, su camino es siempre oscuro, iluminado sólo por un pequeño destello de fe que crea suficiente coraje para un paso a la vez.

---

[1] Carlo Carretto, *Letters from the Desert* (Maryknoll, NY: Orbis, 1972), pág. xv.

¿Por qué pensamos que Dios siempre grita? ¿Podría ser que nuestra insensibilidad embota tanto nuestro oído que Dios debe gritar para llamar nuestra atención? Una vez que Dios ha captado nuestra atención, entonces viene el silencio, la quietud interior del alma que asiste a la Voz. En su esencia, la Voz habla con suavidad y dulzura, de modo que debemos escuchar atentamente para oír su mensaje.

¿Cómo es que esta sutil y suave voz habla con tal poder? ¿Cómo entra en nuestras vidas con tal fuerza innegable y nos hace tomar nuevas direcciones que precipitan las elecciones que nos cambian para siempre? Nada nos cambia tan completamente como el llamado de Dios. ¡Reorienta toda nuestra vida! El llamado deja dentro de nosotros el residuo de certeza que nos da la fuerza para enfrentar las dudas y luchas que están destinadas a llegar a nuestro camino.

¡Decisivo!

¡Claro!

¡Fuerte!

¿Sientes un llamado? ¿Deseas responder y tomar una decisión? Tengo noticias para ti: Esto simplemente no sucederá. ¡Nunca terminarás con este llamado! El llamado de Dios llega mucho antes de que lo escuches, se prolonga hasta que lo nombres, y luego nunca desaparece por completo. ¡El llamado es continuo! Dios siempre nos está llamando. Un momento distintivo e inolvidable llega cuando respondes a la llamada. Pero habrá otros momentos que vendrán una y otra vez, marcando tu camino y dándote la seguridad de que el Dios que llamó sigue llamando.

¡Ser elegido por Dios y tener un lugar en la misión divina en el mundo conlleva una distinción que sólo los llamados—tanto clérigos como laicos—pueden apreciar plenamente!

Espero proporcionar un mínimo de ayuda en el discernimiento del llamado de Dios que permita a todos los miembros del cuerpo de Cristo responder a Dios de formas nuevas y fructíferas para el reino. Mi objetivo es ayudar a los laicos en su búsqueda de un auténtico llamado al ministerio, guiar a aquellos que se creen llamados al ministerio ordenado y apoyar a los ministros que buscan discernir el llamado de Dios a ellos en un contexto social radicalmente cambiado.

Myra Scovel, una mujer que sabía algo sobre el soplo del Espíritu en tiempos como estos, escribió el siguiente poema. Nos instruye a todos los que hemos experimentado el viento del Espíritu llenando nuestras velas.

El viento del Espíritu

¿De dónde viene el viento, Nicodemo?
Rabino, no lo sé.
Tampoco puedes decir a dónde irá.

Ponte en el camino del viento, Nicodemo.
Serás llevado a lo largo
por algo más grande que tú mismo.
Eres orgulloso de tu posición,
contento en tu seguridad,
pero perecerás en un aire tan estancado.

Ponte en el camino del viento, Nicodemo.
Las hojas brillantes bailarán ante ti.
Te encontrarás en lugares
que nunca soñaste visitar;
te verás forzado a situaciones
que has temido
y las encontraremos como un regreso a casa.

Tendrás un poder que nunca antes tuviste, Nicodemo.
Serás un hombre nuevo.

Ponte en el camino del viento.[2]

La clave, como siempre, es el discernimiento. Para animarles en el camino del llamado, incluyo una serie de ejercicios de discernimiento al final de cada capítulo. Les insto a que registren sus respuestas a estos ejercicios, ya que al hacerlo les proporcionarán datos que les serán útiles en sus elecciones personales. También encontrarán que la práctica de escribir sus respuestas a las preguntas hechas y seguir otras directivas para investigar su llamada les revelará más. No puedo enfatizar demasiado la importancia de la escritura como disciplina espiritual.

Ejercicios en discernimiento

1. ¿Cómo es el mundo para ti? ¿Tu mundo da cabida a un Dios que te conoce y desea comunicarse contigo?

---

[2] Myra Scovel, «The Wind of the Spirit», 1970.

2. Describe tu idea actual de cómo sería un llamado de Dios en tu vida.
3. Haz una lista de cinco individuos cristianos que conozcas que ejemplifiquen el Espíritu de Cristo. ¿Cuál de ellos parece estar viviendo con un sentido de llamado? Si identificaras su llamado por la vida que viven, ¿cuál crees que sería su llamado?
4. Para ejemplos de llamados registrados en las Escrituras, vea el Apéndice.

CAPÍTULO DOS

¿Está Dios tratando con tu vida?

Un amigo mío me dio la palabra clave para el título de este capítulo. Era un ministro que luchaba con sus propios demonios personales y buscaba enderezar su vida. En una coyuntura crucial de su batalla interior, recibió un descanso de tres meses. Necesitaba descanso, renovación, un sentido profundo del llamado, y libertad de sus compulsiones.

Durante esos tres meses fue a monasterios y centros de retiro, buscando gente que pudiera ayudarle. Mi encuentro con él tuvo lugar un domingo por la mañana en una panadería en Atlanta, Georgia. Estaba recién llegado de una semana de estancia en el Monasterio del Espíritu Santo en Conyers, Georgia.

Cuando pedimos el desayuno, se volvió hacia mí y me dijo: «He sido duro con Dios estos tres meses». Y Dios también había estado detrás de él: como él dijo, «Dios ha estado tratando con mi vida». La palabra «tratando» [*messing*, en inglés] en el sur no significa «hacer un desastre», como esparciendo arcilla roja sobre una alfombra blanca, sino que sugiere que Dios ha estado tocando y examinando esto o aquello e incluso cambiando algunas cosas. El «trato» de Dios en nuestras vidas significa que capta nuestra atención, desafía nuestras prioridades y a menudo redirige nuestras vidas. ¿Ha estado Dios tratando en tu vida?

Asumo que has sentido algún movimiento del Espíritu de Dios, o no estarías leyendo sobre un llamado y formas de discernirlo. He intentado dejar claro que escribo a la persona que ha tenido algún tipo de experiencia con Dios y no sabe muy bien qué hacer con ella. En estas páginas quiero compartir con ustedes lo que significa para Dios estar «tratando con tu vida» y cómo pueden reconocer estas iniciativas del Espíritu. Lo que tengo que decir se refiere a los laicos que buscan un llamado al ministerio laico, a las personas que disciernen un llamado al ministerio ordenado, y al clero cuyo sentido del llamado necesita clarificación y renovación.

Me gustaría que supieras inmediatamente que involucrarse con el Creador puede ser una relación increíble y desafiante. Esta participación divina/humana reduce a la insignificancia la mentalidad de «ir a la iglesia, sentarse en el banco» del típico miembro de la iglesia. Considere cómo nuestras vidas mejoran cuando el Creador del universo toma nota de nosotros, entra en nuestra conciencia, nos informa sobre sí mismo, y nos atrae a una asociación de creatividad y acción. Dios tiene un interés en ti y en tu asociación con él en el plan divino para esta tierra. Piensa en ello. Hay un lugar para ti en el drama que se desarrolla en la historia.

Tomar en serio el llamado de Dios exige que repudiemos la noción de que Dios ya no habla a la gente. Si Dios no habla, ¿por qué deberíamos escuchar? Pero si Dios habla...

Los defensores del silencio divino creen que Dios habló a Abraham y Moisés e incluso habló por boca de los profetas. También creen que Dios habló a través de Cristo y todavía habla a través del Nuevo Testamento, que registra sus palabras y hechos. Pero no llegan a expresar la confianza de que Dios se dirige a nosotros en nuestra situación actual, excepto indirectamente a través de las Escrituras. ¿Dónde está su confianza en el Espíritu Santo? ¿En la presencia contemporánea de Cristo?

Estoy convencido de que el Dios que habló todavía habla. Es cierto que Dios habla a través de la Biblia, pero el Espíritu de Dios habla a la gente y la llama a la obra del reino como en la iglesia del primer siglo. Sin embargo, algunos del pueblo de Dios no conocen la fuente del llamado, ni saben cómo responder a él. Si estoy exagerando lo obvio, perdónenme. El reconocimiento del Dios que aún habla marca la línea divisoria entre una religión de la historia y la memoria y una excitante participación en la obra contemporánea del Espíritu.

Una historia contemporánea de un llamado

A veces cuando Dios está trabajando en la vida de una persona, su rostro parece brillar. Mientras trabajaba con una congregación como becaria, empecé a fijarme en una mujer que asistía a varias reuniones que yo dirigía. Su nombre era Cynthia. Irradiaba una alegría contagiosa. Algo en ella me hizo sentir que Dios estaba trabajando en su vida de una manera especial. Le pregunté si podía pasar por mi oficina y hablar conmigo, y aceptó hacerlo.

Cuando finalmente nos reunimos, le pedí que me hablara de sí misma. Me explicó que se había criado en la iglesia y que se consideraba cristiana. Durante el instituto usó su talento vocal para cantar en el coro. Cuando se fue a la universidad, sin embargo, otras cosas se volvieron más importantes y más interesantes para ella que Dios. La iglesia y la misión de Dios en el mundo se deslizó de la vista consciente.

Unos años después de la universidad, comenzó a asistir a la iglesia de nuevo y a cantar en el coro. Aunque sentía que algo faltaba en su vida y en su relación con Dios, siguió yendo a la iglesia para ser más aceptable en la comunidad. Tal vez inconscientemente buscaba a Dios. Aun así, lamentaba el hecho de que parecía devota por fuera, pero estaba confundida y vacía por dentro.

Entonces una crisis llegó a su vida que le causó una sensación de impotencia. No podía resolver el problema por sí misma. A pesar de su dolor interno, ella puso una buena fachada y continuó fingiendo tener fe y vivir fielmente. Mientras reflexionaba sobre este tiempo, me dijo, «Tenía mi vida organizada como quería, excepto por el único problema que no podía resolver». En otras palabras, ella tenía el control.

Entonces, muy inesperadamente, tuvo un accidente de auto que casi le quita la vida. Mientras se recuperaba de sus heridas, «algo» le sucedió, algo que no controlaba. Ella no estaba a cargo de esta transformación, y tenía dificultad para describirla. Usó palabras y frases como «abrumada», «sofocada» y «algo que no podía resistir». Antes del accidente había sido celosamente religiosa por fuera— asistiendo a la iglesia, cantando en el coro, poniendo un rostro cristiano—pero después del accidente se sintió sanada y entera por dentro. Dios se convirtió personalmente en algo real para ella. Fue liberada y fortalecida por la nueva presencia del Espíritu.

Cuando le pedí que me describiera lo más claramente posible lo que esta experiencia transformadora había hecho en su vida, se esforzó por responder, admitiendo finalmente, «Sé que Dios es real. Siento que Dios me ama. Pero lucho cada día con mis sentimientos de indignidad. No creo que sea lo suficientemente buena para que Dios se me manifieste de esta manera. No importa cuánto lo intente, nunca soy lo suficientemente buena».

Le pregunté sobre su vida de oración, sobre cómo había cambiado desde el accidente. «El Señor la cambió para mí», explicó. «Antes del accidente, escribí mucho en mi diario. A menudo escribía muchas páginas de una sola vez, pero un cambio interno me alejó de esa forma de oración. En cambio, empecé a orar por la mañana, eligiendo un lugar específico para orar en mi casa y sentándome allí. Empecé a pensar en las personas que podrían necesitar el amor de Dios, y pensé en ellos en la presencia de Dios. Si nada me llegaba, simplemente me sentaba con Dios y pensaba en él. Al principio sentí que estaba perdiendo el tiempo. No estaba logrando nada. No estaba produciendo nada. No estaba leyendo largas porciones de la Escritura como solía hacerlo; no estaba guardando una lista de cosas para pedirle a Dios. A veces leía un versículo durante una semana, pensaba en él durante un tiempo, y luego llevaba mis pensamientos a la presencia de Dios. Me sentía bastante culpable por no orar como siempre lo había hecho. Al menos, me sentía culpable hasta que un grupo de mujeres vino a nuestra iglesia hace unas semanas. Hablé con ellas sobre mi vida de oración, y me dijeron que yo estaba siendo llevada a la oración contemplativa, una oración centrada en Dios. Ahora después de orar, tengo un profundo sentido de la presencia de Dios que llevo conmigo en todo lo que hago. Dios es real, tan real para mí. Al principio, cuando llegaba a casa por la noche, intentaba apagar mi oración, como si le dijera a Dios: "He estado contigo todo el día, y ahora necesito descansar". Pero he descubierto que está conmigo incluso cuando descanso».

Las experiencias de amor y oración de Cynthia la prepararon para su ministerio, lo cual fue sugerido cuando un nuevo poder comenzó a manifestarse a través de ella. Durante todos sus años de asistencia a la iglesia, había cantado en el coro, y en ocasiones había cantado en solitario en los cultos y otros eventos especiales. Confesó con pesar que su canto había sido una vez sólo una actuación. Pero desde el accidente y los cambios que se habían producido en ella, había estado experimentando una energía que se comunicaba a través de ella mientras cantaba.

La invité a ser más específica si podía. Dijo: «La primera vez que me pasó esto fue en nuestro servicio de medianoche de Nochebuena, cuando canté "Oh Santa noche". Siempre me había gustado esa canción, pero en lugar de "dar una actuación" esa noche, puse mi corazón en mi canto. Algo estaba pasando entre el Señor y yo. Una sensación eléctrica me atravesó mientras cantaba. El Espíritu afectó a la gente de mi congregación—muchos de ellos estaban llorando. Y algunos de ellos vinieron a mí después del servicio para decirme lo que les había pasado. Me pareció que me había ido a otro lugar cuando la canté, y como me quedé totalmente vacía, me convertí en un instrumento de Dios». Sabía lo que ella quería decir. A menudo cuando el Espíritu viene, hay un éxtasis en el que el cantante se convierte en uno con la canción, y se acompaña de una profunda sensación de paz y alegría.

Yo mismo había escuchado la historia de Cynthia con gran atención, asintiendo con la cabeza, tratando de entender lo que me decía. Cuando terminó de describir esa primera experiencia de ser usada por Dios, tenía una pregunta urgente para mí. «¿Qué haces», preguntó, «cuando la gente te dice lo maravilloso que eres y lo profundamente que los has tocado?» Ella había dicho repetidamente a la gente que el efecto que estaban experimentando no era algo que ella estaba produciendo.

Con una voz suave y vacilante trató de explicarme lo que otras personas usadas por Dios han sabido. Estaba tan segura de que Dios había poseído su corazón y su voz que no podía aceptar ninguna alabanza o crédito por el ministerio. Ser alabada por el trabajo de Dios a través de ella presentaba un nuevo desafío. ¿Cómo una persona que está siendo usada por Dios da el crédito a Dios sin menospreciarse a sí misma? Cynthia estaba claramente luchando con esta pregunta. Pero estaba aprendiendo a recibir la gratitud de la gente mientras reconocía en su corazón que realmente estaban respondiendo a la obra de Dios en ella.

No solo el Espíritu usó su voz de una manera nueva; su forma de tocar el piano era igualmente inspirada. La misma energía que infundía su voz también estaba en sus manos cuando tocaba el piano o el dulcémele. Estos eran dones naturales, y ella había trabajado duro para desarrollarlos, pero ahora se elevaron a un nuevo nivel. No sólo se hizo más consciente de estos dones, sino que también experimentó el Espíritu de Dios trabajando a través de ellos con poder y energía. La gente estaba siendo afectada por el Espíritu, que estaba en ella en formas que no había experimentado antes.

Después de escuchar atentamente esta increíble historia de una mujer que no sólo tenía el don, sino que también era atractiva y humilde, me detuve para absorber lo que había escuchado. Habiendo reconocido las iniciativas de Dios al atraerla de nuevo a la iglesia, trabajando con ella a través de una crisis personal, y usando un accidente para transformar su vida, me pregunté qué sentido de llamado tenía. Así que le pregunté, «¿Qué crees que Dios te está llamando a hacer?»

«Oh», dijo con un brillo en sus ojos, «Quiero tocar música para la gente en el hospital y en las residencias de ancianos». Ella había sentido este llamado durante varios meses y había estado buscando formas de responder a él. Recientemente se abrió una puerta en un asilo de ancianos para poder comenzar su ministerio. Esta puerta abierta confirmaba su sentido del llamado.

Siguió una confirmación adicional. Una amiga suya le había pedido que visitara un taller de cerámica en la ciudad donde los artistas locales mostraban sus productos. Cynthia no había respondido durante varias semanas, pero decidió un sábado ir a la tienda de cerámica antes de que su amiga la visitara de nuevo. La esperaba allí más de lo que había previsto.

Cuando llegó al centro comercial, vio a una mujer que entraba con un arpa. Cynthia siguió a la mujer, esperando conseguir ayuda para tocar su propia arpa (otro instrumento de su repertorio). Para su asombro, la primera mujer se unió a una segunda mujer que también tenía un arpa, y las dos hicieron una actuación en el centro comercial. Después de escucharlas tocar, Cynthia entabló una conversación con las mujeres, preguntándoles si tenían algún interés en atender a la gente de los asilos. Sus rodillas se debilitaron ante su respuesta genuinamente positiva. Las describió como tres personas «unidas en corazón y alma». Otras puertas han empezado a abrirse para ellos como un trío de discípulas llamadas a ministrar a la gente que sufre.

La anatomía de un llamado

La experiencia de Cynthia tiene una importancia especial para nuestra exploración del significado de un llamado porque ilustra un número de formas en las que Dios trabaja en la vida de una persona. Doy por sentado que sientes que el Espíritu de Dios está «tratando» en tu vida, desafiando tu dirección actual y empujándote hacia nuevas posibilidades. Probablemente tienes la noción de que Dios está haciendo algo contigo, pero puede que te falten categorías y nombres para dar a tus experiencias. Lo que quiero explorar con ustedes a continuación son los diversos aspectos del trato de Dios con nosotros.

Estoy sosteniendo la experiencia de Cynthia no como una norma sino simplemente como un ejemplo de cómo Dios «trata» en la vida de una persona. A pesar de que sentía que había estropeado su relación con Dios durante mucho tiempo, tenía una idea de la voluntad de Dios para ella. Esta idea estaba vestida con poderosas emociones que exigían ser expresadas. Mientras Cynthia y yo hablábamos, me pareció que este conjunto de circunstancias provocó un diálogo dentro de ella, una conversación interior de la que no podía escapar hasta que abrazó su llamado y empezó a buscar formas de seguirlo. Una mirada más profunda a estos aspectos de su llamado tal vez te ayude a reconocer tu llamado.

Comienza como una idea

El llamado de Dios a una vocación comienza como una idea en tu mente, a menudo desencadenada por un evento—como cuando Pedro fue interrumpido por Jesús mientras lavaba sus redes de pesca, o Ananías escuchando un llamado durante su tiempo de oración, o San Pablo siendo confrontado en el camino a Damasco. Empiezas a tener la corazonada de que Dios puede estar llamándote a un ministerio.

El llamado puede ser agudo y claramente enfocado, o puede ser suave y menos enfocado. Por ejemplo, en el caso de Cynthia, ella recibió un llamado específico—usar su voz para ministrar a las personas en los asilos de ancianos. En una situación similar puedes tener una fuerte sensación de que Dios te está llamando, pero no está claro el enfoque específico. Cualquiera que sea su grado de claridad, la idea emerge y llama tu atención. De alguna manera una idea es como una concepción—una inundación de «prepensamientos» invade la conciencia y busca pequeños óvulos de conciencia para fertilizar. Y tal vez sólo uno de esos pensamientos previos fertiliza un óvulo de conciencia y da a luz una idea. Sólo cuando la idea ha nacido puede tomar forma y comenzar a crecer.

Supongamos que Dios tiene algo que hacer, como convertirse en un defensor de los niños maltratados. Para comunicarte esta intención, el Espíritu comienza a actuar en las profundidades de tu espíritu a un nivel más allá del rango de tu conciencia y fuera de los límites de tu control. (Es algo así como Jesús caminando a lo largo de la orilla del Mar de Galilea hasta que llega al lugar donde estás lavando tus redes y preparándote para el trabajo de otro día). Por el acto del Espíritu, esos pensamientos previos de la intención de Dios comienzan a inundar tu conciencia. En tu conciencia se conectan con tu amor por los niños y evocan imágenes en tu mente que se visten con sentimientos de compasión. A través de este proceso, que ocurre a la velocidad del pensamiento, la idea ha nacido y se ha envuelto en pañales.

Utilizo el llamado a la defensa de los niños abusados para ilustrar el trabajo del Espíritu que se aplica a muchos llamados. Ya sea que el llamado sea para ser un maestro o un empresario, un ministro ordenado o un abogado, la dinámica del nacimiento de una idea es muy similar.

La idea de Cynthia de ministrar a otros a través de su voz tuvo sus raíces en sus primeros años. Sin duda pensó en usar su voz para ministrar a otros cuando era una adolescente cantando en el coro de la iglesia. Aunque en ese momento la idea fue impulsada por el placer de actuar, estaba sin embargo en su mente. Después del accidente y la reorientación de su vida, la idea de usar su voz para Dios alcanzó un nuevo nivel en el servicio de medianoche de Nochebuena. En ese momento Dios le reveló cómo podía trabajar a través de ella.

Esta actividad interior, inspirada por el Espíritu, puede ir acompañada de otras experiencias concretas en su vida, como el encuentro con otros que tienen interés en el ministerio que está considerando. Reflexionar sobre la idea de que Dios ha nacido en su mente puede aclarar su enfoque y acortar el tiempo de espera para que la idea madure.

La idea se viste con imágenes y emociones

Cuando una idea se ha formado en su mente, inmediatamente busca vestirse con imágenes y sentimientos. Tu mente consciente extrae de su reserva de imágenes tanto positivas como negativas para vestir el llamado. Si el llamado te ha dirigido hacia una actividad anhelada, las imágenes de satisfacción y deleite probablemente se adjuntarán al llamado. Como una persona como Cynthia tiene dones para la música, un llamado para dar conciertos en una residencia de ancianos sin duda resulta en sentimientos de puro placer. El deleite proviene de la visión de los resultados positivos del ministerio y de la conciencia de complacer a Dios en la búsqueda del ministerio.

Pero como todos sabemos, otras imágenes también se adjuntan a estos llamados iniciales. La mayoría de nosotros tenemos un abundante suministro de imágenes negativas: sentimientos de insuficiencia, inexperiencia e ineptitud. Estas imágenes negativas evocan miedo. Para algunos individuos, el solo hecho de pensar en un ministerio para ancianos en un asilo desata una ola de miedo capaz de congelar la noción en su camino. «¡Dios nunca me llamaría a ese tipo de trabajo!» insisten.

Pero el temor a la insuficiencia no elimina el llamado. Puede que tengas que soportar sentimientos de ansiedad sobre la experiencia y la competencia. Claramente, las emociones se convierten en la fuerza motriz de nuestro compromiso en el ministerio. Generalmente se desarrolla un tira y afloja típico de los juegos de cuerdas. Por un lado, el gentil y seductor espíritu de Cristo nos atrae hacia la intención de Dios. Por otro lado, nuestros miedos, inspirados por quién sabe qué, nos frenan.

Vestir el llamado con imágenes de nuestro corazón comienza a integrarlo en nuestras vidas. Hasta que el llamado se convierte en parte de nosotros emocionalmente, no es más que una noción en nuestra cabeza que podemos manipular y controlar. Adjuntar sentimientos a nuestras imágenes encarna el llamado en nuestra historia de carne y hueso, y la pasión comienza a impulsarlo. Las emociones, ya sean positivas o negativas, hacen mucho más que lo mismo—conducen nuestro llamado. Nuestros sentimientos, nuestros anhelos de significado y significación, abrazan el llamado y lo energizan. Debido a que muchos de nosotros tenemos dificultades para distinguir los pensamientos de los sentimientos, presta especial atención a esta interacción en tu propia lucha con el llamado.

El proceso de concretar el llamado lo hace personal y real. La noción abstracta, que tiene potencialidad y posibilidad, de repente comienza a presentarse como concreta y energizada por los sentimientos. En esta etapa del desarrollo, el llamado se ha vuelto lo suficientemente específico para la oración y lo suficientemente poderoso para desafiar nuestra voluntad.

Cynthia siempre había usado su don para ministrar a la gente a través de la música. En su caso, el llamado se enfocó más cuando Dios eligió involucrarla en el canto de «Oh Santa noche» en la Nochebuena. En ese momento se le dio un ministerio en una forma que nunca antes había experimentado. Y a pesar de que la estimuló, también la asustó. Esto sucede a menudo cuando el Espíritu de Dios actúa a través de nosotros, cuando nos damos cuenta de que algo más allá de nosotros fluye a través de nosotros. La realización crea una contradicción en nuestra conciencia. ¿Cómo podría Dios usar a una persona con defectos como yo para sus propósitos divinos? Tener nuestra vieja y negativa imagen de nosotros mismos tan poderosamente desafiada puede ser verdaderamente aterrador. Pero la conciencia del propósito de Dios para nosotros conquista nuestros miedos.

La idea vestida de emoción inicia un diálogo

Cuando esta idea de que Dios tiene algo que hacer entra en nuestra conciencia, evoca una respuesta de nosotros. La respuesta interna puede ser algo como, «Yo nunca podría hacer eso—soy demasiado incompetente. No tengo experiencia». Excusas como esta surgen ya sea de nuestro sentido de insuficiencia o de una resistencia disfrazada al cambio en nuestras vidas. A veces no queremos rendirnos a Dios porque nuestras prioridades se verían sacudidas y reordenadas demasiado drásticamente.

Mientras ponemos estas excusas, la Voz del llamado nos responde. El pensamiento de Dios permanece en nuestra conciencia, persistiendo en nuestro espíritu, instándonos a escuchar. Por un tiempo podemos luchar contra el incipiente llamado como un ciudadano no entrenado luchando contra un gladiador. O podemos abandonar la lucha y tratar de apagar el llamado con el olvido. Pero como Dios nos ha elegido y nos llama a cada uno a un ministerio, no podemos escapar del persistente llamado de su voz. Aunque suprimamos el llamado o lo ignoremos por años, encuentra la manera de resurgir en nuestra conciencia.

Sea como sea que el llamado se desarrolle, usualmente involucra una lucha. Se pueden dar muchos nombres a la lucha, pero siempre en el centro hay una cuestión: la entrega a Dios. La cuestión es esta: «¿Permitiré que Dios sea Dios, o seguiré actuando como si yo fuera Dios?»

En la experiencia de Cynthia, esta lucha tomó una forma inesperada. El ministerio del Espíritu a través de ella fue tan abrumador que dio lugar a sentimientos de insuficiencia e inferioridad. Su canto no era inadecuado, y su actuación no era inferior; sin embargo, *ella* se sentía inferior. Su pregunta era «¿Por qué me eligió Dios? Me siento tan indigna de la presencia del Espíritu y de ser usada de esta manera». Su mayor lucha fue aceptar la gracia de Dios al otorgar su Espíritu a sirvientes indignos.

Abracemos el llamado

En cierto sentido, abrazar nuestro llamado es como darlo a luz, poseerlo y darle un lugar en nuestras vidas. Aceptar el llamado de Dios en nuestras vidas significa responder positivamente a la intención percibida de Dios para nosotros y salir de la lucha en paz. Como he indicado, nuestra lucha interior con el llamado de Dios puede ser una lucha de voluntades, o puede surgir de nuestros sentimientos de indignidad.

En primer lugar, cuando percibimos el llamado de Dios como una interrupción en la visión que tenemos de nuestras vidas, es probable que resistamos este llamado, una resistencia que establece la batalla interna. Ananías, el laico de Damasco que bautizó a Saulo, escuchó claramente la dirección que Dios le dio. Pero contradecía su propia visión, y por eso se resistió al llamado. No sabía lo que Dios había estado haciendo en Saulo, sobre la transformación que estaba en marcha. Muchos de nosotros nos encontramos en esta posición cuando escuchamos un llamado. Como Ananías, que fue llamado para bautizar y comisionar al Apóstol Pablo, podemos resolver la tensión buscando mayor claridad sobre el llamado de Dios y estando dispuestos a responder.

En el segundo caso, nuestra incapacidad para aceptar el llamado surge de nuestros sentimientos de insuficiencia. Cynthia tuvo originalmente esta respuesta, y todavía estaba luchando con ella cuando hablé con ella. Se preguntaba a sí misma y al Señor, «¿Por qué yo?» El cuestionamiento no provenía de una falta de voluntad de ser usada por el Señor sino de una parálisis causada por el asombro de que Dios la conocía, con todos sus defectos, y todavía la quería para su ministerio.

Cambiar las actitudes y emociones como las que muestra Ananías no es fácil. Los sentimientos no escuchan a la razón, incluso cuando la información que la razón proporciona es exacta. He descubierto que Dios se ocupará de nosotros con un plan de crédito: tanto a la baja y tanto al mes. Cuando nos encontramos bloqueados por la voluntad propia o la baja autoestima, podemos orar, «Dios, me entrego a ti tan plenamente como puedo ahora. Ayúdame a dar mañana lo que no puedo entregarte hoy». No podemos entregar lo que no podemos entregar, esa es la simple verdad. Pero el Gran Maestro y Padre Paciente trabajará con nosotros si volvemos nuestros ojos en su dirección. Después de que hayamos aceptado el llamado, necesitamos hacer una cosa más: ¡comenzar!

Damos los primeros pasos

Cuando pensamos que hemos sido llamados por Dios, debemos estar seguros de que hemos escuchado a Dios correctamente. La persona que se apresura a decir «Dios me ha llamado a tal o cual ministerio» no inspira confianza en los miembros más maduros del cuerpo de Cristo. Muchos de ellos han escuchado testimonios superficiales de llamados que nunca se materializaron. Discernir, probar y verificar el llamado de Dios tomará tiempo, pero a la larga nos salvará del error y la vergüenza.

Si sientes que has recibido un llamado, lo primero que debes hacer es encontrar un amigo cristiano de confianza y hablar con él o ella sobre el llamado. Discutir lo que crees que Dios te está diciendo. Describe cómo se te ocurrió la idea y cómo te sientes al respecto. Pídele a tu amigo que te dé una respuesta honesta. ¿Tu sentido del llamado parece ser de Dios? Tu amigo podría ser capaz de ver algo que se te ha escapado.

Si el ministerio al que estás siendo llamado es representativo de la iglesia, habla con el ministro o los oficiales de la iglesia. No deberías comenzar un ministerio que sea percibido como expresivo de toda la iglesia sin obtener primero la aprobación de la iglesia. Discutir tu llamado con el liderazgo de la iglesia no sólo te ayuda a clarificarlo, sino que también informa a los líderes de tu visión y atrae su apoyo a tu ministerio.

Habiendo hecho estos movimientos para clarificar y legitimar tu llamado, comienza a desarrollar tu estrategia. Ora por la guía de Dios. Dios te ha llamado, y Dios te guiará. Comparte tu visión con otros y escucha a aquellos que muestran interés. Busque puertas que se abran y camina a través de ellas. En los capítulos siguientes tengo más que decir sobre cada uno de estos movimientos para conectar con otros con respecto a tu llamado. Por ahora es suficiente notar que estos movimientos iniciales te pondrán en el camino hacia el cumplimiento del llamado que has recibido. Tal vez el siguiente paso de tu parte debería ser: examinar tu historia personal para evidenciar el llamado progresivo de Dios.

Si pierdes el llamado o lo resistes con éxito durante un tiempo, ten la seguridad de que no desaparecerá. Un amigo mío dice que en muchos aspectos nuestro llamado es como la luz. No creamos la luz; sólo está ahí. De la misma manera, no importa cuánto leamos sobre ella, escribamos sobre ella y la estudiemos, no creamos nuestro llamado. Ya está ahí. Dios incluso tiene una copia de seguridad lista si rechazamos o perdemos el primer llamado. Podemos encontrar nuestro llamado, o tropezar con él, o caer en él, o rechazarlo, pero, como la luz, existe separada de nuestra búsqueda. Y seguirá buscándonos.

Ejercicios en discernimiento

1. En una hoja de papel dibuja una línea vertical. En la parte inferior de la línea escribe «Nacimiento» y en la parte superior «Ahora». Piensa en esta línea como tu vida desde el nacimiento hasta el presente. Comenzando en el final de «Nacimiento», lentamente imagina el desarrollo de tu vida. Cada vez que llegues a un momento en el que hayas pensado en el llamado de Dios para ti, dibuja un símbolo de numeral en tu línea de vida. Junto a este símbolo, escribe una palabra o frase que identifique este momento para ti. Procede a través de tu vida hasta que llegues al «Ahora». Incluye todas las experiencias que tuviste— cuando pensaste en un llamado, cuando te resististe a un

llamado, cuando preguntaste a otros sobre un llamado, y quizás cuando abrazaste un llamado.

2. Revisa cada uno de los momentos del llamado o «posible» llamado. Medita sobre cada uno de ellos. Piensa en lo que Dios estaba haciendo en esa experiencia. Registra tus reflexiones en un cuaderno.

3. Escribe una oración simple pidiendo la guía y ayuda de Dios para entender tu llamado en tu vida.

4. Elije un amigo de confianza y comparte los resultados de tus exploraciones personales en los ejercicios 1 y 2 anteriores.

CAPÍTULO TRES

Fuentes del llamado de Dios

¿Cómo nos habla Dios? ¿Cómo recibimos el llamado? Estas preguntas apuntan tanto a los medios como al modo en que Dios nos invita a compartir el propósito divino que opera en la historia. Al ordenar los caminos del llamado de Dios, la experiencia de Saulo de Tarso, que se encontró con Cristo en el camino a Damasco, nos ofrece un buen punto de partida. Poco después de su conversión, se apresuró a Arabia. Me imagino que pasó esos tres años allí aprendiendo de Cristo y reflexionando sobre cómo el Espíritu había estado trabajando en su vida antes de que estudiara con Gamaliel en Jerusalén, antes de que se convirtiera en el principal perseguidor de la iglesia, y antes de que se encontrara con Cristo en el camino a Damasco.

Incluso si sus poderes de reflexión se hubieran saltado esos primeros años de vivir en un hogar judío y de adorar en la sinagoga de Tarso, pensar en los tres acontecimientos más recientes de su vida habría ocupado grandes períodos de tiempo de reflexión. Por ejemplo, la imagen de Cristo que Saulo vio en el rostro de Esteban mientras lo apedreaban le comunicó volúmenes de significado no articulado. En el rostro de Esteban vio una paz y una confianza que había buscado durante años. La visión de Esteban de Jesús de pie a la derecha de Dios debe haber conmovido profundamente a Saulo. Y con su último aliento Esteban clamó por Cristo para recibir su espíritu. Estas fuertes palabras de seguridad significaban una victoria sobre la muerte que el cumplimiento de la ley nunca le dio a Saulo. ¿Qué le había sucedido a este hombre, Esteban, que le permitió hablar con tanta certeza?

El simple hecho de observar a Esteban enfrentarse a la muerte sin pestañear supuso un golpe fatal para la cosmovisión de Saulo: el mundo no era como él lo había imaginado. Creía que el Mesías vendría un día; se le había enseñado a esperar esto toda su vida. En Esteban vio a un hombre apedreado hasta morir por confesar que Jesús era el Mesías. Ver a un hombre morir por su fe y oírle hablar con Jesús con la confianza de que Jesús le oyó desafió seriamente la visión de Saulo sobre la realidad. Todos tenemos una cosmovisión, por supuesto, pero para muchos de nosotros nunca se cuestiona seriamente. Así que vivimos como si la forma en que vemos el mundo fuera la forma en que todos ven el mundo, o deberían hacerlo.

Un tema aún mayor para la reflexión derivado del encuentro de Saulo con el Cristo resucitado en el camino a Damasco. En su camino para acosar y encarcelar a los seguidores de Cristo, se encontró con Cristo, y se convirtió en uno de los que tenía la intención de encarcelar. El cazador se había convertido en el cazado y de hecho había sido capturado. ¿Qué significaba esto? ¿Quién era esa presencia invisible que lo conocía tan bien y que puso su vida patas arriba?

La experiencia que le quedaba por contemplar a Saulo era la visita de Ananías. Durante tres días Saulo se había arrastrado en la oscuridad, sin comer ni beber. Sin avisar, llamaron a la puerta. Un hombre estaba allí de pie que afirmaba haber sido enviado por Cristo para curarlo y ordenarlo. Cuando estuvo en presencia del perseguidor, Ananías le dijo que había sido enviado por el Cristo que se le había aparecido a Saulo en el camino a Damasco. No sabemos cuánta conversación siguió a este primer encuentro cara a cara, pero sabemos que Ananías oró por Saulo y que la vista de Saulo volvió. Ananías lo bautizó y afirmó que Cristo lo había llamado a ser un misionero de los gentiles. Saulo no discutió, sino que comenzó a dar testimonio de inmediato de lo que Cristo había hecho en él. Un poder asombroso fluyó a través de él a sus oyentes, y muchos de ellos abrazaron la fe.

Cuando estaba en Arabia, Saulo seguramente se preguntó por qué había sido elegido. Sin duda, conectó al Cristo del camino con el Cristo que envió a Ananías a curarlo y bautizarlo. Estas experiencias se convirtieron en el material principal para su reflexión. Pero la contemplación de estos acontecimientos más recientes no hizo desaparecer los años anteriores en los que el Espíritu de Dios había estado trabajando, dando forma a su vida para esta tarea misionera.

La respuesta de Saulo a la invasión de Cristo en su vida proporciona un modelo para todos nosotros. El llamado de Cristo no está separado de las otras dimensiones de nuestra vida—nuestra historia, nuestros antecedentes, nuestra formación y experiencia. El llamado se viste con imágenes y emociones extraídas de nuestro profundo mar de memorias. Pocos de nosotros podemos tener el ocio de tomarnos tres años para ir a Arabia o Hawái o a los Alpes suizos para reflexionar sobre el llamado de Dios, pero podemos reservar tiempo para reflexionar sobre el llamado desde la amplitud de nuestra historia personal. Tal vez podemos imaginar a Saulo reflexionando sobre su vida, buscando el significado de varios eventos cataclísmicos. ¿Pero cómo nos ayuda este proceso de reflexión con la práctica del discernimiento hoy en día?

Un Saulo contemporáneo

Pablo es el nombre ficticio que le daré a este amigo mío que también está luchando con su llamado. Conocí a Pablo en un «almuerzayuno» con él y su pastor en un hotel de la Costa Oeste. Tenía previsto pasar un mes enseñando y consultando en su congregación. Había sido nombrado presidente del comité que estaba planeando mi visita. Pablo tenía unos cincuenta años y era calvo. Al principio estaba tranquilo, escuchando y orientándose.

A medida que la conversación continuaba, él, su ministro y yo nos sentimos más cómodos el uno con el otro. Empecé a notar la perspicacia de Pablo; reconocí que era tanto un buscador como un hacedor. Su manera de relacionarse con la gente y el estilo que empleaba para transmitir sus ideas a la medida de un hombre con una vasta experiencia y una gran habilidad con la gente. Recibí una gran cantidad de información al escuchar las contribuciones de Pablo durante esta conversación, y empecé a esperar con interés el mes en que trabajaría en su iglesia.

Cuando llegó ese mes, descubrí que Pablo se había ofrecido como voluntario para grabar en vídeo todas mis conferencias, lo que significaba que las escucharía todas. Todas las clases estaban bien atendidas, y Pablo no se perdió ninguna de ellas.

Cuando Pablo supo que yo caminaba todos los días, me invitó a caminar con él. Cuatro o cinco días a la semana caminamos juntos durante una hora. Ese tiempo que pasamos juntos me dio la oportunidad de conocerlo. Aprendí pronto que había tenido mucho éxito en el mundo de los negocios. Con un MBA de la Universidad Northwestern, una de las más prestigiosas escuelas de negocios de EE.UU., se convirtió en consultor de una empresa nacional. Con el tiempo pasó a desarrollar su propio negocio. En todo lo que compartió conmigo, fue abierto, transparente y real. Nuestra amistad se profundizó día a día.

Al principio de nuestras conversaciones, me habló de la empresa que había desarrollado. Construyó en ella principios cristianos encubiertos: honestidad, justicia, una política de puertas abiertas que se extendía a todos los empleados, y un espíritu de hospitalidad. La compañía tuvo éxito más allá de sus proyecciones más salvajes. El crecimiento del valor de las acciones de la compañía, junto con otras inversiones, le ofreció la opción de jubilarse anticipadamente. En menos de seis décadas había logrado un nivel de independencia financiera que le daba la libertad de moverse en cualquier dirección que eligiera. ¿Cómo podría un hombre como Pablo descubrir su llamado, la voluntad de Dios para su vida?

Varios años después escuché a Pablo hacer una presentación, durante la cual mencionó que el mes que compartimos juntos en su iglesia había cambiado su vida. Su fe en general se había enfocado más claramente; había encontrado la presencia de Dios de una manera personal. Como consecuencia de esta relación más clara con Dios, una variedad de oportunidades para su vida se había unido a un hambre de un significado más profundo. Convertirse en la persona que Dios le creó para ser y hacer lo que Dios quería que hiciera formó su perspectiva y motivó su búsqueda.

Su búsqueda tomó numerosas formas. Primero, se matriculó en un seminario a poca distancia de su casa. Comenzó un programa de estudio en el desarrollo del liderazgo, pero después de estar involucrado en ese programa durante un año, perdió el interés en sus objetivos. Parecían coincidir con lo que ya había estudiado en la escuela de negocios. Después de tomar algunos cursos de teología, se fascinó con el tema y cambió del grado de laico al grado básico de Master en Teología. Este cambio le dio una amplia oportunidad de estudiar temas en el núcleo de la fe cristiana.

Además de inscribirse en un seminario, Pablo se conectó con un nuevo grupo en su iglesia llamado «Compañeros». Este grupo se reunía una vez al mes en pequeños «subgrupos» de cuatro o cinco individuos que compartían entre sí cualquier conocimiento que Dios les diera; su objetivo era el discernimiento. Cada participante reflexionaba sobre lo que Dios había estado haciendo en su vida, lo compartía con otros en el grupo, y buscaba sus respuestas de discernimiento y sus oraciones. Este ministerio de la iglesia de Pablo proporcionó un rico terreno en el que creció su deseo de conocer la voluntad de Dios para él.

Otra oportunidad inusual se presentó a Pablo. Su iglesia se entregó generosamente a un ministerio en la India. El comité de misiones quería una película de ese ministerio que mostrara cómo se usaban sus dones. Cuando Pablo tuvo la oportunidad de grabar en vídeo el ministerio en la India, aceptó. Viajar a ese país del Tercer Mundo, codearse con los pobres y ver de primera mano la diferencia que un poco de dinero podía hacer—esta experiencia tuvo una poderosa influencia en él. Su corazón estaba siendo preparado para algo—pero, ¿qué? Él no estaba seguro.

Pablo regresó de este viaje al extranjero cerca del momento en que estaba completando un acuerdo para vender su participación en la empresa que había fundado. Estas negociaciones pondrían una enorme cantidad de dinero en sus manos muy rápidamente. ¿Qué significaba esto? ¿Cómo podía ser fiel a Dios con esta nueva riqueza? Después de muchas preguntas y búsquedas, decidió crear una fundación caritativa y financiarla con parte de su nueva riqueza. Tomar esta decisión presionó a Pablo para identificar su interés en dar y reafirmar el reclamo de Dios sobre sus recursos financieros.

Cuatro años después de mi primera visita a la iglesia de Pablo, tuve la oportunidad de ir a la Costa Oeste por unos días, y arreglé para hablar con él de nuevo. Como habíamos hecho años antes, dimos un paseo juntos. Nuestra conversación se centró en el llamado de Dios y en el discernimiento de la voluntad de Dios. En todo mi ministerio no creo haber conocido a nadie más serio, más abierto, o más lleno de anhelo de que Dios le muestre lo que tiene que hacer. Sin embargo, se contentaba con esperar a que la Voz le hablara.

Déjame preguntarte, mi lector, qué hubieras dicho si Pablo te hubiera preguntado, «¿Qué puedo hacer para descubrir el llamado de Dios?» Podrías haberle consolado en su espera asegurándole que Dios sería abundantemente capaz de revelarle la llamada en el momento adecuado. O podrías haberle dicho: «Mira, Pablo, estás haciendo la voluntad de Dios—has asistido a un seminario, participado en un grupo de crecimiento, hecho un trabajo misionero, y emprendido una donación caritativa. ¿No es esto un llamado?» Esto puede ser cierto, pero si es la intención de Dios, ¿por qué Pablo sigue buscando el llamado de Dios? ¿Dónde sugeriría que empezara su búsqueda? ¿Qué otra preparación para un llamado podría hacer?

Recientemente el ministro de Pablo le preguntó sobre su búsqueda. Le explicó dónde estaba en el proceso. Cuando le preguntó qué estaba haciendo además de esperar, Pablo dijo, «Estoy revisando mi vida. Estoy escudriñando mi memoria en busca de evidencias de la intervención de Dios en mi vida, lo que puede darme una pista sobre lo que Dios tiene para mí». El ministro presionó a Pablo un poco más sobre la noción de una revisión de vida. En respuesta Pablo dijo, «Si el futuro es una extensión del pasado en una nueva forma, entonces deberíamos escanear el contenido de nuestra memoria. En el escaneo debemos notar lo que hacemos bien, lo que nos gusta hacer, y lo que otros nos han dicho que hacemos bien. Estos datos probablemente apuntarían al tipo de cosas que Dios podría tener en mente para nosotros».

Pablo sabe, como tú y yo sabemos, que simplemente reunir datos de nuestro pasado no equivale a un llamado de Dios. Pero él cree firmemente, como yo, que el recuerdo de la forma en que Saulo lo hizo nos acerca al lugar de escuchar la llamada de Dios.

Examinando algunas formas en la que Dios nos llama

Tal vez tú eres como Pablo en algunos aspectos. Han pasado suficientes cosas en tu vida para despertarte más profundamente a Dios. Y tal vez han sucedido cosas que te hacen pensar que Dios tiene algo para ti. Permítame caminar contigo mientras exploramos algunas de las formas en que Dios habla, formas en que Dios nos llama. Mientras nos movemos por el laberinto de tu memoria, te sugeriré lugares para hacer una pausa y escuchar la Voz. Por supuesto que no puedo crear la Voz o forzarla a que te hable, y tú tampoco. Hablar y llamar es asunto de Dios. Pero creo que es posible llevar a una persona a lugares donde otros han escuchado la Voz. Nombraré algunos de los lugares obvios para detenerte mientras escudriñas tu memoria y comparto contigo la manera de hablar de Dios en ese lugar en particular.

Puede que te encuentres preguntándote qué tiene que ver el pasado con el futuro. Tal vez tenga la misma relación que el suelo tiene con las raíces, y las raíces con los frutos. El pasado es más a menudo la preparación para dar forma a tu pasión por un cierto tipo de trabajo, tus habilidades, tu experiencia y tus conexiones. A veces el dolor que has sufrido proporciona el terreno para tu pasión y anhelo. Los dones de Dios también ofrecen pistas para tu llamado. El escaneo de la memoria te ayudará a identificar tus dones.

Ya que nadie ha inventado todavía un dispositivo electrónico que registre selectivamente nuestros recuerdos, creo que es importante que registres una versión actual de tus experiencias de vida, tanto las pasadas como las más recientes. Puedes empezar con un bolígrafo y un cuaderno o un ordenador, lo que te parezca más natural. Adopta un modo receptivo de escuchar cuando estés respondiendo una pregunta o cuando se te guíe a reflexionar sobre ciertas experiencias. Deja que las palabras vengan a ti. Escribe lo que entra en su conciencia sin editarlo o juzgarlo. Tómate tu tiempo. No te apresures en estos ejercicios.

Al prepararte para escanear tu memoria, sitúate claramente en tu vida actual y piensa en tus diferentes aspectos. ¿Qué está pasando en tu mundo exterior? ¿Qué acontecimientos nacionales afectan tu vida? ¿Qué está pasando en tu vida laboral? ¿En tus relaciones con personas fuera de tu familia? ¿En tu familia? Mientras revisas estos importantes aspectos de tu mundo exterior, escucha profundamente las respuestas, y luego graba lo que te llega.

¿Qué está pasando en tu mundo interno? ¿Cuál es tu actitud hacia ti mismo? ¿Cuáles son las visiones con las que sueñas? ¿Qué conflictos estás experimentando? ¿Te parece que la vida es buena? ¿O tienes sentimientos de culpa y fracaso?

Cuando termines de escribir las respuestas a estas preguntas, cierra los ojos y busca tu centro personal. Entra en ese lugar tranquilo y espera ante Dios. Como aconsejó Thomas Merton, «Pierde el tiempo con Dios».

Ponerte en contacto con tu presente crea un lugar consciente en el que puedes escuchar a Dios. Una vez que estés claramente situado en este lugar, puedes empezar a examinar el contexto pasado de tu vida, para escuchar a Dios a través de tus experiencias vividas. Los ejercicios que siguen están diseñados para ayudarte a hacer eso. Hay tres maneras de hacer estos ejercicios. Puede leerlos simplemente como información. Puedes hacer una pausa en cada uno y reflexionar sobre los asuntos explorados. O puedes tomar cada una de las sugerencias una a una y registrar tus reflexiones y respuestas a las preguntas hechas. El último enfoque les reportará el mayor beneficio.

1. Dios a menudo habla a través de una idea que emerge en nuestra conciencia. No sabemos exactamente cómo esas ideas llegan a nosotros. Tal vez Dios tiene mil maneras de colocar estos pensamientos en nuestras mentes.

Las ideas nacen de los estímulos de nuestros mundos de experiencia tanto internos como externos. En nuestro mundo externo, las ideas vienen de la lectura, escuchar la radio, ver la televisión, tener una conversación con un amigo, y un millar de otros estímulos. Dios usa estos medios en nuestro mundo externo para llamar nuestra atención, para abrirnos a que su Palabra venga a nosotros. Creo que Dios habla a través de las cosas que nos suceden tan seguramente como lo hace a través de las Escrituras. Por esta razón creo que debemos prestar mucha atención a nuestras vidas.

Pero Dios también habla en nuestro mundo interior a través de los medios de la mente más profunda. Carl Jung habla de los niveles de la mente: la conciencia personal, el inconsciente personal y el inconsciente colectivo. Creo que Dios a menudo estimula los pensamientos en nuestro inconsciente personal que se elevan a la conciencia. A través de este enfoque indirecto, Dios puede comunicarse con nosotros de una manera que no destruye nuestra libertad personal o humanidad. Dios viene a nosotros suavemente desde el interior.

Cuando la iglesia de Pablo le pidió que fuera a la India para filmar el trabajo de la misión, ¿estaba Dios en la invitación? ¿Usó Dios el medio externo de un comité de misiones para comunicar una invitación a Pablo? Cuando Pablo vio la pobreza y el sufrimiento de la gente y el bien que la misión estaba haciendo, ¿le habló esto a su vida? Cuando se sentó tranquilamente en el avión de camino a casa, ¿de dónde vinieron sus pensamientos compasivos?

Cuando hayas escrito tus respuestas a estas preguntas, haz una pausa. Deje que su mente esté libre para recibir ideas e impresiones de la reseña. ¿Dónde cree que Dios podría estar involucrado en su vida actual? Mientras te sientas en silencio ante Dios en el centro, ¿qué pensamientos vienen a tu mente?

2. En tu mundo exterior, Dios a menudo te habla a través de la afirmación de otra persona de un regalo que se te ha dado. Dios ha dado regalos a todos los miembros de su familia. Algunos de estos dones parecen estar ligados a la creación. Los genes fueron tales que algunos de nosotros vinimos al mundo con la capacidad de tocar y escribir música, o una capacidad especial para mostrar compasión y amor.

También puede que se nos haya dado un regalo espiritual en el momento de nuestro bautismo o nuestra conversión. Los dones espirituales incluyen el don de la fe, el don de la profecía, el don de la curación y el don de la administración. Estos dones, dados libremente por Dios, informan, dan poder y dirigen nuestro ministerio. Nuestros dones a menudo se nos ocultan hasta que otro los ve y los afirma. La afirmación nos despierta a nuestros propios dones.

Quizás los dones de Pablo fueron redirigidos cuando un amigo le sugirió que le gustaría crear una fundación caritativa para ayudar a otros en su ministerio. Tal vez un extraño podría ver los dones de Pablo en formas que él no podría. Sin embargo, cuando creó la fundación, descubrió que los dones que había usado con éxito en los negocios eran también instrumentos de ministerio.

Reconocí sus dones de organización y administración en mi primera visita a su iglesia. El éxito del tiempo que pasé en esa congregación fue el resultado de su minuciosa preparación.

¿Cuáles son las cosas que otras personas afirman en ti? ¿Qué es lo que haces bien? Registra tus respuestas y pregúntese si estas afirmaciones apuntan a sus dones. Recuerda que el llamado de Dios es usar los dones que nos ha dado.

3. Dios a menudo habla directamente a través de un texto en la Escritura, y Dios siempre habla de acuerdo con las enseñanzas de la Escritura. Las Escrituras no sólo median nuestro llamado, sino que también son normativas para el llamado de Dios.

Juan Calvino hizo hincapié en el «testimonio interno» de la Escritura. Consideró las palabras de la Escritura como muertas y sin sentido hasta que el Espíritu de Dios se movía sobre ellas y las hacía vivas para la conciencia del lector. Este testimonio interno personalizaba el texto para el individuo y le permitía escuchar la Voz de Dios a través del texto de la Escritura.

El texto viene tanto de nuestra lectura como de nuestra audición. La presencia de Dios viene a través de este texto de la misma manera que la luz se filtra a través de una ventana o la electricidad fluye a través de un cable de cobre. Es importante que no confundamos la energía con el conductor. Dios no es la ventana; Dios es la luz. Tampoco Dios es el cable de cobre. Dios es la electricidad, la energía y el poder. Del mismo modo, Dios no es la Biblia. El Espíritu viene a través de la Biblia para llamarnos y dirigirnos.

Una vez conocí a un inglés que vino a este país por su trabajo. En Gran Bretaña había asistido ocasionalmente a la iglesia, pero por alguna razón nunca había experimentado la realidad de lo que la iglesia debería ser. Cuando empezó a establecerse en su trabajo aquí en los Estados Unidos, también encontró una iglesia a la que asistir. Fue entonces cuando las Escrituras cobraron vida para él. Me dijo que cada domingo, cuando el ministro hablaba el mensaje del texto, venía directamente a él, entraba en su conciencia y comenzaba su trabajo transformador. «Algunos domingos», dijo, «me sentía avergonzado de salir de la iglesia con lágrimas rodando por mis mejillas». El llamado de Dios para él estaba misteriosamente escondido en el texto que se proclamaba.

El texto tiene este efecto cuando el Espíritu lo ilumina. Como un pedazo de carbón al rojo vivo, el texto emite luz y calor. La luz y el calor terminan por consumir el carbón. El Espíritu de Dios viene a través del texto, pero, a diferencia del carbón, el texto no se consume. Después de que emite luz y calor en una lectura o una audición, aún queda para hablarnos una y otra vez.

Como parte de la exploración de su memoria, piensa en tu experiencia con la lectura de la Escritura o al escucharla leer y proclamar. ¿Recuerda alguna vez que el mensaje del texto pareciera estar dirigido específicamente a ti? ¿Hubo momentos en los que te sentiste atraído por Dios o por un ministerio a través de la lectura del texto?

Como parte de este ejercicio, lee sobre el llamado de Samuel tres veces. Lee despacio y reflexivamente. Escucha lo que este texto le dice.

El joven Samuel servía al Señor en presencia de Elí. La palabra del Señor escaseaba en aquellos días, las visiones no eran frecuentes. Y aconteció un día, estando Elí acostado en su aposento (sus ojos habían comenzado a oscurecerse y no podía ver bien), cuando la lámpara de Dios aún no se había apagado y Samuel estaba acostado en el templo del Señor donde estaba el arca de Dios, que el Señor llamó a Samuel, y él respondió: Aquí estoy. Entonces corrió a Elí y le dijo: Aquí estoy, pues me llamaste. Pero Elí le respondió: Yo no he llamado, vuelve a acostarte. Y él fue y se acostó. El Señor volvió a llamar: ¡Samuel! Y Samuel se levantó, fue a Elí y dijo: Aquí estoy, pues me llamaste. Pero él respondió: Yo no he llamado, hijo mío, vuelve a acostarte. Y Samuel no conocía aún al Señor, ni se le había revelado aún la palabra del Señor. El Señor volvió a llamar a Samuel por tercera vez. Y él se levantó, fue a Elí y dijo: Aquí estoy, pues me llamaste. Entonces Elí comprendió que el Señor estaba llamando al muchacho. Y Elí dijo a Samuel: Ve y acuéstate, y si Él te llama, dirás: «Habla, Señor, que tu siervo escucha». Y Samuel fue y se acostó en su aposento. Entonces vino el Señor y se detuvo, y llamó como en las otras ocasiones: ¡Samuel, Samuel! Y Samuel respondió: Habla, que tu siervo escucha. (1 Samuel 3:1-10)

4. Dios a menudo llama cuando nos enfrentamos al dolor humano. El sufrimiento ha sido durante mucho tiempo el medio del llamado de Dios. ¿Qué hay en el sufrimiento humano que nos abre a Dios? ¿El dolor nos hace contemplar nuestra propia mortalidad? ¿Vemos a nuestros propios hijos en el cuerpo torturado y sin vida de un niño asesinado en Kosovo? ¿Recordamos nuestro propio dolor cuando leemos que los niños son abusados o abandonados por sus padres? ¿El encuentro con niños que sufren revela nuestra impotencia ante nuestro propio dolor y el de los demás? Estos sentimientos de compasión y dolor son tan agudos e inquietantes que debemos pasar la página del periódico, cambiar la televisión a otro canal o dejar de escuchar el sermón. Cuando finalmente tenemos el coraje de mirar y escuchar de verdad, el dolor que vemos en los demás se convierte en el medio del llamado de Dios a nosotros.

Cuando visité Guatemala y Nicaragua, recuerdo haber mirado los rostros de decenas de viudas. Sus maridos habían sido acorralados como ganado y expulsados de sus pueblos; el ejército las había asesinado y arrojado sus cuerpos en una fosa común. Estas viudas habían conocido un tipo de dolor que yo nunca conocería, pero estaban alegres y radiantes en medio de su dolor. De alguna manera su sufrimiento me gritaba, y me pregunto si la voz de Dios me hablaba a través de su agonía. ¿Cómo puede alguien mirar a la cara a estas viudas y no sentir la necesidad de ayudarlas? ¿No nos está hablando Dios a través del dolor que vemos ante nosotros? ¿Y el dolor que hemos sufrido en el pasado es el fundamento de una llamada para nosotros hoy?

¿Y qué hay del dolor que no se detecta tan fácilmente o es quizás menos dramático? Es fácil ver a los obviamente maltratados y privados y quedarse ciego ante la pareja de al lado que tiene un ingreso cómodo, viaja como quiere y decora su casa espléndidamente de la manera más contemporánea. Pero escondido detrás de esta hermosa fachada hay un matrimonio en ruinas. En la cama de la pareja hay dos personas distanciadas, la conversación está en un callejón sin salida y reina la soledad. Cuando podemos ver su vacío y su dolor, ¿no nos habla Dios a través de su necesidad?

Piensa en el último mes y trata de recordar todas las situaciones de dolor humano que has encontrado. Imagina cada situación en tu mente. Comienza a escribir sobre tus sentimientos. «Cuando vi o conocí o escuché acerca de... sentí...» Si no recuerdas haberte encontrado con un mendigo en la calle o haber escuchado una petición de ayuda en la voz de un amigo o haber leído sobre el abuso infantil o alguna otra forma de daño humano, quizás deberías orar a Dios para que te haga más consciente de tu mundo.

5. Dios nos habla no sólo a través del dolor de los demás, sino también a través de nuestro propio dolor. Mientras continúas escaneando tu memoria, identifica el trauma más profundo de tu vida. A veces la voz es inmediata en el momento mismo o poco después de un momento de trauma. Un accidente de coche, por ejemplo, pone de manifiesto el significado y la dirección de la vida de una persona. Tal vez el hecho de enfrentar la posibilidad de su propia muerte lo impulsa a ser receptivo al llamado de Dios. Estos momentos se convierten en medios para un llamado. Pero este escaneo de la memoria se basa en una suposición diferente.

Creo que nuestro propio dolor a menudo se convierte en el campo de entrenamiento que da forma al llamado que Dios nos hace. Es como si el dolor fuera la escuela a la que asistimos para el ministerio que vamos a tener. El marido de una mujer muere de Alzheimer, y después de haber pasado años agotadores cuidando de él, ella siente el llamado a trabajar con grupos de Alzheimer en la comunidad. Un hombre experimenta un divorcio doloroso, y su llamado se convierte en trabajar con grupos de recuperación de divorcios. Una mujer que sufrió abuso infantil puede sentirse llamada a trabajar con niños abusados para ayudarles a entender su sufrimiento. Un hombre con quien he hablado caminó con su esposa a través del cáncer y la muerte, y de esa experiencia Dios lo llamó a ministrar a las personas con cáncer y a los miembros de la familia que estaban lidiando con la pérdida que la muerte traería. El dolor personal se convierte en el campo de entrenamiento para el ministerio.

Me pregunto si Jesús fue marginado por su nacimiento, y si este fue el terreno para incluir a los marginados en su ministerio. Me pregunto si Bernabé experimentó las profundidades de la desesperación, y si así fue como aprendió el arte del estímulo y fue rebautizado como el «hijo del consuelo». Me pregunto si la negación de Jesús por parte de Pablo y su persecución de la iglesia se convirtió en el terreno del que fue llamado a ser el «apóstol de los gentiles».

Por supuesto, el dolor personal no indica un llamado en todos los casos, ni en el caso de Pablo ni en el nuestro. El simple hecho de haber sufrido de una manera particular no significa que debas dedicarte automáticamente a un ministerio de ayuda para ayudar a otros como tú. Sin embargo, en un número poco común de casos aquellos que han experimentado un cierto tipo de dolor han sido llamados a ayudar a otros que sufren el mismo destino. Por esta razón le animo a revisar las experiencias traumáticas de su vida y a escuchar a Dios alrededor de los bordes de estos recuerdos dolorosos.

¿Qué recuerdos dolorosos tienes que se niegan a desaparecer? Contempla los diversos acontecimientos que provocaron este dolor. Al pensar en esta herida en tu alma, ¿todavía despierta sentimientos en ti? ¿Hay algo que te gustaría hacer por aquellos que sufren el mismo destino?

Caminar suave y silenciosamente por estos terrenos de dolor personal puede abrirte a un llamado. Cada vez me parece más claro que Dios nos llama a ministrar a los demás desde nuestra propia ruptura. Al reflexionar sobre su experiencia traumática, ¿te sientes atraído por aquellos que han sufrido tu destino?

6. Las conmociones del alma son a menudo los llamados susurrados de Dios. Piensa en tu vida de experiencias. ¿Puedes identificar los momentos en los que te sentiste realmente cerca de Dios? Durante esos momentos, ¿sentiste que Dios tenía algo para ti?

Estos anhelos o agitaciones en el alma, ya sean del pasado o del presente, hacen eco de un movimiento en tus profundidades internas. Un anhelo o agitación puede actuar como un termómetro, señalando que el alma no está bien. O la agitación puede ser como un apetito, un hambre que se anuncia cuando la alimentación se ha retrasado o se ha retenido.

¿Qué opina del interés de Pablo en las misiones, en las pequeñas organizaciones sin fines de lucro y en servir en las juntas directivas de las organizaciones misioneras? ¿El anhelo que siente de ayudar a los necesitados se relaciona de alguna manera con el llamado de Dios? ¿Y dónde está Dios en el anhelo de Pablo por un ministerio? ¿Hay algo más grande que Pablo pueda hacer aparte de lo que está haciendo actualmente?

Recuerde los momentos en su vida en los que sintió estos movimientos del alma—un despertar de un sueño de vida, un deseo de ayudar a los necesitados, o un deseo de hacer una diferencia. Escribe libremente sobre esos momentos; no edites tus pensamientos a medida que llegan. Cuando hayas terminado, lee tu relato y trata de ver lo que Dios te está diciendo.

7. El preludio de un llamado de Dios a menudo toma la forma de inquietud. Nuestro malestar con nuestra situación está a menudo relacionado con nuestro trabajo. Nos quejamos de que no nos satisface como antes. La rutina es aburrida; los días son largos. La frustración se instala, y no importa lo que hagamos, la satisfacción se nos escapa. Presionamos el acelerador de la vida para acelerar, para no notar nuestra confusión interior. A veces vamos de un trabajo a otro, de unas vacaciones a otras, e incluso de una aventura a otra. Pero todas estas acciones no logran calmar el alma.

Mucha gente asume que, si la vida de alguien se ha convertido en rutinaria y aburrida, se ha desviado fuera del ámbito del llamado de Dios. ¡No es así! Creo que una inquietud espiritual señala la invasión del Espíritu en la vida de una persona. Es la forma en que Dios comienza a liberarnos de viejas seguridades e identidades desgastadas. A medida que estas viejas conexiones se rompen y nuestras ajustadas máscaras se despegan, a menudo nos deslizamos hacia el pozo del sinsentido.

El pozo de la falta de sentido puede ser el mejor lugar para escuchar a Dios. Nos pone en una posición de dependencia; nos humilla y nos abre a nuevas posibilidades. Incluso el cambio y la novedad son menos amenazantes que el vacío. Y esta experiencia del vacío tiene un asombroso poder para captar nuestra atención. A la mayoría de nosotros nos resulta más fácil escuchar cuando nos vemos forzados a ver el vacío de nuestros caminos. Dios le da sentido al vacío, y nuestra vida cambia.

Vi un ejemplo dramático de esto en Cao—un chino que había estado en los Estados Unidos por sólo seis meses. Había sido educado en China, pero siempre había sentido que el régimen comunista era opresivo; nunca se comprometió con la visión comunista. Sin embargo, se abrió camino a través del sistema. Su último trabajo en el sistema, como gerente de una planta en el norte de China, lo llevó a un lugar donde sentía que su trabajo no tenía sentido. En su punto más bajo, tuvo la oportunidad de trabajar para una compañía estadounidense que posteriormente lo transfirió a los Estados Unidos. Lo primero que hizo en los Estados Unidos fue convertirse en cristiano y unirse a una iglesia. Como nuevo cristiano, quería hablar de su deseo de servir a Dios y responder a su llamado, aunque se enfrentó a numerosos obstáculos. ¿Ves cómo Dios atrajo a Cao a su vocación por sus sentimientos de falta de sentido en su trabajo?

¿Y qué pasa con Pablo? Ha tenido éxito financiero, ha buscado aprender sobre su fe, y ha comenzado un ministerio significativo. Aun así, sabe que su llamado no ha sido aclarado todavía. Así que está inquieto.

Cuando revisaste lo que escribiste sobre tu vida, ¿descubriste alguna inquietud? Presta especial atención a este sentimiento. Comienza a escribir aquí con esta pregunta: «Oh Dios, ¿por qué me siento inquieto por...?»

8. A veces Dios llama de una manera tan suave que el compromiso se siente muy natural y poco dramático. Cuando Dios llama de esta manera, cualquier sentido profundo de llamado a menudo pasa desapercibido. Tomemos lo que estás haciendo actualmente; por ejemplo, rastrea las cosas que informan tu actividad actual. ¿Planeaste y desarrollaste todas estas relaciones y experiencias? ¿Sabías en el momento en que ocurrieron que estabas siendo preparado para la tarea que estás haciendo ahora? ¿Parece a veces que la mano de Dios ha estado activa en tu desarrollo? ¿Tienes un sentido de Dios en tu vocación diaria?

Hago esta última pregunta porque creo que muchos de nosotros, si no la mayoría, simplemente hemos respondido a la siguiente oportunidad o dado el siguiente paso en la vida sin mucha reflexión y sin ningún drama. En estos casos, perdemos fácilmente el sentido del llamado de Dios y la acción de Dios en nuestras vidas. Esta pérdida parece trágica para nosotros y para Dios. Es trágica para nosotros porque pasamos nuestros días sin un sentido de conexión con la

Referencia Última. Y es trágico para Dios porque se pierde nuestra alabanza y agradecimiento por la dirección y el cuidado que nos da.

Tal vez podrías recuperar el sentido de la gentil intervención de Dios si te tomaras el tiempo de mirar más de cerca tu actual vocación. Empieza, por ejemplo, por ordenar las diversas tareas que realizas en un día cualquiera en tu trabajo. Describe la actitud con la que las realizas. Piensa en por qué estás donde estás, haciendo estas tareas. Con estos detalles en mente, mira atrás en tu vida y visualiza las caras de las personas que te ayudaron a lo largo del camino. Piensa en los eventos y experiencias que te trajeron a este lugar. ¿Son todos estos accidentes de la existencia, o hay algún tipo de propósito en el trabajo en el mundo que reúne tu vida en él?

Estoy seguro de que un día Pablo mirará hacia atrás y verá las innumerables maneras en que la mano de Dios ha guiado su vida. Cada una de estas gentiles intrusiones lo están moldeando para el ministerio que tiene por delante. Su primer entrenamiento fue en la Iglesia católica, instrucción que le dio fundamentos en la fe, ya sea que respondiera o no a ella. Un mal primer matrimonio hizo su propia contribución. Conocer y casarse con su actual esposa, que comparte su pasión por Dios y por el ministerio a las personas quebrantadas, le ha dado más fuerza para seguir su llamado. Además de estas influencias, ha habido varios ministros que han jugado papeles prominentes en su vida. Y uno o dos amigos cercanos han hablado con él en el momento oportuno. Siguiendo el hambre de su corazón lo llevó al seminario y a varias oportunidades de crecimiento en su iglesia. Cuando la llamada que espera llegue con claridad y reorganice su vida, verá la mano de Dios en todas estas influencias.

Al escanear tu memoria vocacional, ¿puedes tener la sensación de que estás donde estás y haciendo lo que estás haciendo porque Dios te ha estado susurrando un llamado por mucho tiempo?

9. A veces un llamado se origina en una experiencia tan simple como una invitación de otro a compartir un ministerio existente. Como la convergencia inconsciente de eventos que nos han llevado a un lugar particular en nuestra vocación, la simple invitación de otra persona a participar en un ministerio puede ser la voz del llamado de Dios. Tomemos a Bob, por ejemplo, que ha estado activo en su iglesia durante años. Cantó en el coro, enseñó lecciones de canto, e incluso dirigió el coro de vez en cuando. Cuando se iba a jubilar, su amigo Tom le pidió que ayudara a construir una casa para Habitat for Humanity. Sin dudarlo, Bob aceptó. Se convirtió en el capataz de construcción más entusiasta que querrías conocer.

No estoy seguro de que Bob usaría el lenguaje del llamado de Dios para describir su actual ministerio de dirigir el programa Habitat for Humanity en su iglesia. Pero él es el director, y dirige con pasión. Incluso cuando el lenguaje del llamado no se usa, el hecho del llamado permanece.

La amplitud del llamado de Dios a veces me asombra. Tengo un buen amigo que es compañero de golf. Lee mis libros antes de que los envíe al editor. Tenemos conversaciones estimulantes—a veces provocativas, porque a menudo intenta escandalizarme.

El trasfondo religioso de Rick incluye algunos malos recuerdos de los años de infancia pasados en las iglesias históricas. Como adulto, ha sido apagado por la hipocresía de la iglesia institucional, y ha hecho muchas «compras de iglesia» al margen del cristianismo. No es una persona que hable íntimamente de sus experiencias religiosas.

Recientemente se ha interesado en un ministerio para los desamparados. Primero se ofreció como voluntario, luego asistió al director, y después de unos meses, se le pidió que sirviera en la junta. En ese momento me invitó a hablar con él y con el director sobre la recaudación de fondos para el ministerio, una forma de ayudarle a hacer una contribución (sin ánimo de hacer un juego de palabras) a ese importante ministerio.

Después de esa reunión, él y yo estábamos jugando al golf un día. «¿Cómo te interesaste en este ministerio para los desamparados?» Le pregunté.

«Un amigo mío que vivía en nuestro vecindario me dijo que el ministerio estaba escaso de voluntarios, y me preguntó si podía ayudar. Le dije que sí podía».

«Y cuando te encontraste cara a cara con las necesidades que se estaban satisfaciendo», interpreté, «sentiste que no podías dejar el ministerio en la estacada».

Asintió afirmativamente con la cabeza.

«¿Qué dirías», pregunté, «si te dijera que Dios te ha llamado a este ministerio?»

Para mi sorpresa, respondió: «Estaría de acuerdo». ¡Este hombre que no hizo comentarios íntimos sobre su vida religiosa estaba reconociendo un llamado!

Tal vez mientras caminas por el laberinto de tu memoria, también descubrirás que alguien te pidió ayuda en una situación particular, y tú accediste. Tal vez has sido llamado sin reconocerlo, o tal vez sabes que Dios está involucrado en lo que estás haciendo, pero nunca lo has etiquetado como un «llamado».

Para despertar tu llamado o renombrar tu ministerio, revisa las veces que la gente te ha invitado a compartir en un ministerio. ¿El llamado de Dios llegó a ti a través de alguien que se preocupaba tanto por ti como por una tarea que necesitaba ser realizada?

No hay manera de hacer una crónica de todas las formas en que Dios nos llama. Pero la lista aquí debería proporcionar una muestra útil de la variedad de los caminos de Dios con nosotros. Espero haberte proporcionado ideas útiles para escanear tu memoria de forma productiva. Espero que te den una forma de escuchar lo que estás pasando actualmente en tu vida, así como una forma de «escuchar» a través de tu vida para obtener indicios de la invasión de Dios en ella.

Ejercicios en discernimiento

1. Vuelve a tu línea de vida. Busca en tu vida cada uno de los varios medios de comunicación del llamado de Dios. Añade marcas adicionales para las veces en que lo siguiente ocurrió en tu vida:
   - La idea de un llamado vino a tu mente.
   - Una persona afirmó un regalo que Dios te había dado.
   - Un texto de las Escrituras te habló del llamado de Dios.
   - Viste el dolor de los demás y te preguntaste qué podías hacer para ayudar.
   - Tu propia experiencia de dolor te llevó a otros que sufrían el mismo tipo de dolor.
   - Te sentiste muy cerca de Dios.
   - Te sentías inquieto en tu trabajo.
   - Notaste que tu vida estaba siendo moldeada por una serie de «suaves llamados» de Dios.
   - Alguien te invitó a unirte a un ministerio ya existente.

   Después de buscar en tu vida estos momentos de Dios, siéntate en silencio ante Dios. Escucha los pensamientos que vienen a tu mente, luego grábalos.
2. Relee con una actitud de oración la historia del llamado de Samuel citado en este capítulo.
3. Otra breve forma de escanear tu memoria es creando una especie de «cuadrícula de dones» y luego reflexionando sobre tus descubrimientos. En una hoja de papel, crea tu propia cuadrícula con tres columnas con tres encabezados: (1) Lo que

hago bien, (2) Lo que disfruto haciendo, y (3) Lo que otros dicen que hago bien.

Cuando termines de crear esta cuadrícula y rellenarla, lee lo que has escrito despacio y de forma reflexiva. Cierra tus ojos en oración y estate presente a las ideas que vengan a ti. Después de unos momentos, graba lo que te venga.

4. Cuando hayas completado estos ejercicios, reflexiona sobre tus descubrimientos y escribe un breve párrafo describiendo lo que crees que Dios te está llamando a hacer. Escribirlo no constituye un compromiso, pero te da claridad.

CAPÍTULO CUATRO

Las huellas de Dios

«¿Cómo sé que mi experiencia es de Dios?» Esta es la pregunta más importante que nos hacemos muchos de los que buscamos discernir el llamado de Dios. Ninguno de nosotros quiere parecer tonto o ser engañado por nuestros propios deseos ocultos y engañosos. Queremos saber que estamos respondiendo a un llamado genuino de Dios, no simplemente respondiendo a una compulsión que surge de alguna necesidad o ilusión inconsciente.

Aunque nuestro escepticismo en esta era posterior a la Ilustración puede ser mayor que el de los discípulos del primer siglo, no es un fenómeno nuevo. Los escritores bíblicos nos dan la historia de Tomás y sus dudas. No estaba con los discípulos cuando Jesús se les apareció después de su resurrección. Cuando oyó que Jesús estaba vivo, Tomás dijo, «A menos que vea la marca de los clavos en sus manos, y ponga mi dedo en la marca de los clavos y mi mano en su costado, no creeré». Nuestra cultura científica nos ha enseñado a pensar así, a buscar datos verificables a través de impresiones sensoriales. Debido a que este modo de verificación ha permitido grandes avances en la ciencia y la medicina, naturalmente recurrimos a él como nuestro acercamiento a la certeza en el discernimiento del llamado de Dios. Como Tomás, nosotros también gritamos, «¡Muéstranos las señales de los clavos y la lanza, para que podamos creer!»

Cuando Jesús le mostró las señales a Tomás, gritó: «¡Señor mío y Dios mío!» Nuestras vidas están ciertamente marcadas por las huellas divinas, pero Jesús rara vez nos muestra señales tan vívidas hoy en día. Pero simplemente porque no se nos aparece de esta manera dramática y milagrosa no implica que esté ausente. Él está muy presente, pero su presencia exige un tipo diferente de verificación, tal vez una de fe y confianza en lugar de ver y sentir. En el esquema más amplio de las cosas, hay otras formas de verificación que son tan confiables como la experiencia de Tomás, y tal vez más apropiadas. Para explicar esta afirmación, nos llevaré a través de tres maneras de saber. Saber que Dios nos está hablando es, después de todo, de lo que se trata el discernimiento del llamado.

Formas de conocer

La forma de la Ilustración

El intenso anhelo de certeza de Tomás era similar al intenso deseo de certeza que impulsó la Era de la Razón en los siglos XVII y XVIII. Siglos de tradición, así como el esfuerzo de la iglesia por controlar el conocimiento y el pensamiento habían mantenido encadenada a la Razón durante casi mil años. Cuando la Razón se liberó de estas cadenas, fue en busca de un conocimiento verificable. ¿Cómo se acercaron estos buscadores de la verdad a la tarea de conocer?

El enfoque del conocimiento de la Ilustración se basaba en la experiencia sensorial. De acuerdo con la teoría de la Ilustración, toda la realidad podría ser verificada y demostrada. Este punto de vista alimentó el enfoque científico, que dice que la verdad comienza con la experiencia sensorial que puede ser analizada, categorizada y repetida. La razón toma los datos de la experiencia sensorial, forma hipótesis que pueden ser probadas por experimentos, y crea un cuerpo de conocimiento confiable. Cualquier supuesto conocimiento que no se apoye en este fundamento es sospechoso y se clasifica como mera opinión.

Si el enfoque científico que nos legó la Era de la Razón constituye el único enfoque de la realidad, entonces por definición Dios está descartado. Así que este enfoque del conocimiento simplemente no funciona con respecto a Dios porque Dios no es un objeto sensorial abierto a nuestra observación y experimentación. Aunque Dios es razonable, la razón por sí sola no puede capturar a Dios. Todos los esfuerzos de la razón para captar, definir y contener a Dios sólo sirven para convertir las ideas sobre Dios en ídolos. La razón humana no puede alcanzar nada más que conceptos porque el verdadero conocimiento de Dios exige una experiencia que supera los límites de la razón.

Además, si la búsqueda de Dios y de la voluntad de Dios pudiera reducirse a una fórmula científica, no habría necesidad de fe. Lo reconozcan o no, los investigadores científicos tienen una especie de fe—fe en la fiabilidad de la naturaleza—pero esta fe tiene dificultades para abrirse a la Realidad Última detrás de los datos sensoriales. Así que este enfoque racional, objetivo y controlado de la certeza puede proporcionar datos persuasivos, pero el tipo de certeza del que el corazón tiene hambre exige compromiso y confianza.

La ciencia y la fe religiosa tratan con diferentes aspectos de la realidad. La ciencia pregunta «cómo» y la religión pregunta «por qué». Estas dos aproximaciones a la verdad no tienen por qué estar en conflicto, pero cada una debe abordar los tipos de preguntas que surgen de estos diferentes reinos del conocimiento. Cuando una de ellas niega a la otra la legitimidad en su campo particular, lo hace desde sus propias premisas. La confusión y el conflicto innecesario siguen.

La forma de la relación

Habiendo descartado el enfoque científico como modelo para buscar el conocimiento de la voluntad de Dios para nosotros, consideremos el modelo relacional como un modo de conocer a Dios y la voluntad de Dios para nosotros. ¿Cómo llegué a conocer a mi madre, por ejemplo? ¿Recopilé datos sensoriales, formé hipótesis y las probé hasta que tuve un cuerpo firme de conocimiento? ¿O mi conocimiento de ella se derivó de una relación que comenzó y creció a través de experiencias compartidas hasta que la conocí lo suficiente como para predecir lo que diría y haría en casi cualquier situación?

Llegué a conocer a Cammie Johnson, mi madre, a través de sus actos de amor y sacrificio por mí. Crecí respondiendo a sus palabras de aliento, así como a sus desafíos para mí. Confiar en sus iniciativas en mi vida sentó las bases para desarrollar mi conocimiento de ella. A medida que mi confianza crecía, cada vez más seguía su dirección y sus deseos. Mi certeza no se basaba en la investigación científica sino en la consistencia de una relación amorosa y afectuosa.

El enfoque relacional del conocimiento contrasta significativamente con el enfoque de la Ilustración. A diferencia de la fría y objetiva racionalidad del conocimiento de la Ilustración, el conocimiento relacional se manifiesta como cálido, subjetivo y personal. Así que la forma de conocimiento de la Ilustración nos ha ayudado a entender el universo físico, pero es deficiente para ayudarnos a entender y relacionarnos con Dios, con la intención de Dios para el mundo y el llamado de Dios a nosotros. Si estamos tratando con un Dios personal que nos llama personalmente a comprometernos con el propósito divino para el mundo, necesitamos un modelo relacional de conocimiento para complementar una manera puramente racional de conocer. El modelo racional nos da «el cómo»; el modelo relacional nos da «el por qué». La fuerza del modelo relacional proviene de su enfoque en los aspectos personales del conocimiento sin ser tocados por la lógica.

La forma de la revelación

La revelación como modo de conocimiento ofrece otra forma de certeza para el creyente cristiano. En el modelo racional de conocimiento, la mente humana está activa, buscando datos, observando detalles, formulando y probando hipótesis; en el modelo de revelación del conocimiento, la razón humana es consciente, enfocada y receptiva. La revelación presenta datos a la mente, a menudo de forma espontánea, con una convicción que se acerca a la certeza. De repente hay perspicacia, conocimiento que se ha dado en lugar de conocimiento que se ha descubierto.

Paul Tillich habla de la revelación como una experiencia extática. Por «extático» quiere decir que el espíritu humano está fuera de sí mismo y se mira a sí mismo como algo extraño o diferente. Según Tillich, el Espíritu Santo invade el espíritu humano y lo expulsa fuera de sí mismo para una unión momentánea con el Último—Dios. Esta experiencia momentánea e intuitiva produce un conocimiento de Dios que es convincente en su poder. En mis conversaciones con hombres y mujeres que parecen estar luchando con una llamada de Dios, observo que muchos de ellos han tenido algún tipo de encuentro con el Santo. Para una persona esa experiencia vino a través de un accidente de coche; para otra, a través de un testimonio personal compartido; y para otros, a través de eventos inesperados cuando no estaban buscando ni esperando un encuentro con Dios.

En nuestra búsqueda del conocimiento del llamado de Dios, el modelo racional puede proporcionar una visión de la estructura de la realidad, y puede ampliar nuestra visión de los propósitos de Dios, pero no nos lleva por el camino del discernimiento. Aunque es bueno para muchos tipos de investigación, el modelo racional sobrepasa sus límites si busca crear una relación con Dios o revelar la voluntad de Dios. El discernimiento requiere una postura de receptividad más que de análisis; busca la integración, no la separación; se basa en la pasión subjetiva más que en datos externos y objetivos. El enfoque racional busca operar con desapego, y el discernimiento requiere un compromiso con la dirección de Dios.

El modelo relacional de conocimiento es congruente con la búsqueda religiosa de certeza en una llamada y también con la búsqueda religiosa de sentido. Entender que la Realidad Última es personal y trata con nosotros como personas fundamenta nuestra búsqueda. Llegamos a conocer a Dios escuchando su llamado, respondiendo a sus deseos para nosotros, y adorándolo. Alimentar nuestra relación con Dios fortalece y clarifica nuestro llamado.

A medida que viajamos en nuestro llamado, Dios a menudo se revela a sí mismo a nosotros de maneras inexplicables. El misterio de Dios se extiende y nos abraza. Nuestra percepción se eleva a un nuevo nivel. Hay un momento en el que nos sabemos amados y reclamados por Dios, y este momento de revelación de Dios alimenta nuestra visión y nos da energía.

¿Por qué el Santo nos hace tan difícil discernir claramente su llamado? Antes de culpar a Dios por toda la dificultad, quizás deberíamos preguntar si nuestra resistencia confunde el cuadro. ¿O es que nuestra falta de escucha impide nuestro progreso? Tal vez nuestra ignorancia de lo que Dios ha mostrado a su pueblo a través de los años es otro obstáculo para nuestra certeza de fe.

Con respecto a nuestro llamado, la certeza de la Ilustración no existe. No se ha inventado ningún dispositivo que pueda predecir la validez o el resultado de nuestro llamado. Tal conocimiento cambiaría la naturaleza de la fe y la obediencia cristiana. Como una madre, Dios desea nuestra confianza amorosa, no nuestra certeza analítica. La confianza refuerza la relación con Dios; el análisis la rompe y nos hace agentes independientes en lugar de servidores amorosos.

Sin duda, Dios podría revelar nuestro llamado de manera inconfundible. Dios tiene el poder de hacer todo lo que desea y quiere. Sin embargo, si Dios viniera a nosotros cara a cara y expresara la intención divina para nuestras vidas, nos robaría nuestra libertad, porque ¿quién puede resistir a Dios? Pero Dios no elige convertirnos en robots. Al revelarse a nosotros, ha tenido especial cuidado en preservar nuestra humanidad y dejar la puerta abierta a la confianza.

Sugiero que tenemos la certeza de amar a Dios y ser amados por Dios, y esta certeza relacional garantiza que Dios siempre quiere lo mejor para nosotros. Mientras vivimos en esta certeza relacional, ¿cómo reconocemos los caminos de Dios y el modo de su comunicación personal con nosotros? Si esta discusión sobre las formas de conocer te ha parecido demasiado abstracta, quizás una historia pueda hacer la idea más concreta.

Daniel: Un hombre al que Dios tocó

Antes hablé brevemente sobre el llamado de Daniel al ministerio laico, pero una exploración más completa de su experiencia ilustrará las huellas de Dios marcando su vida. Conocí a Daniel en una de mis visitas a su iglesia, donde estuve trabajando durante un mes. Durante nuestras sesiones de planificación, noté que tenía un gran interés en la iglesia y un deseo de servir en lo que pudiera. Su entusiasmo me hizo querer hablar más con él, para averiguar qué había detrás de su contagioso testimonio. Así que me acerqué a él y arreglé para reunirme con él.

Cuando Daniel y yo nos reunimos para hablar, me dijo que había sido un miembro nominal de la iglesia hasta hace dos años. Había sido bautizado y criado en la iglesia, y había participado en muchas de las actividades de la iglesia. Otros lo habrían visto como un miembro regular.

En sus días de universidad y después, había enseñado en la escuela, entrenado fútbol y trabajado en el negocio familiar. En el momento en que hablamos, estaba trabajando en la empresa familiar. Estaba casado y tenía un par de hijos.

Después de describir sus antecedentes, llegó al incidente que le cambió la vida y que lo puso en un viaje intencional. Un amigo le pidió a su compañía que comprara una mesa en una cena de la Fellowship of Christian Athletes. La compañía accedió a pagar la cuenta, y Daniel decidió asistir a la cena porque Bobby Bowden, entrenador de los Florida State Seminoles, era el orador invitado. Daniel siempre había admirado a Bowden y pensó que la charla sería motivadora.

Después de la cena, uno de los entrenadores locales dio un testimonio personal de su fe, y Bowden habló después. Fue bien recibido. Pero extrañamente, Dios no usó la charla del orador principal para llegar a Daniel, sino el testimonio del entrenador local. Este entrenador le contó al grupo un sueño que había tenido. En el sueño había muerto y se había ido al cielo, pero cuando miró fuera de las puertas del cielo, estaba sentada una de sus hijas. Lloraba y decía: «Papá, me enseñaste a atarme los zapatos, me ayudaste a aprender a andar en bicicleta y me apoyaste cuando jugaba al fútbol. Pero papá, nunca me enseñaste sobre Jesús». El entrenador habló entonces de su sentimiento de responsabilidad de criar a sus hijos en la fe.

Había algo en lo que el entrenador dijo y en la forma en que lo dijo que se apoderó de Daniel. «Fui condenado», me dijo. Dios usó el simple testimonio de un hombre respetado en la comunidad para penetrar en la armadura religiosa y cultural que durante años había protegido eficazmente a Daniel de tener una fe vital en Cristo. Se fue a casa sintiéndose miserable.

Durante tres noches consecutivas después de esa cena, Daniel no pudo dormir. En lugar de dar vueltas y vueltas, se levantó y leyó la Biblia. Descubrió una metáfora en la carta de Pablo a la iglesia de Corinto que le hablaba. Pablo afirmó que Jesucristo era el fundamento de la vida y que había varios materiales que se usaban para construir sobre ese fundamento—oro, plata y piedras preciosas, o madera, heno y paja (1 Co. 3:11-15). Al final de los tiempos, lo que ha sido construido será probado por el fuego, y sólo aquellos cuyas obras sobrevivan al fuego serán recompensados.

La comprensión de Daniel de la Biblia era limitada, pero este mensaje le dejó claro que la forma en que pasó su vida era crucial. La Biblia había desafiado sus valores y sus prioridades; también le introdujo en un mundo de encantamiento, y no se cansaba de ello. Cada noche, después de que su familia se acostara, se quedaba despierto y le leía la Biblia hasta la una o dos de la mañana. Su vida se saturó con las Escrituras.

Después de que Daniel estuvo atento a Dios durante unos seis meses, una cosa extraña le sucedió. La voz dijo: «Pasa por la iglesia y anima a tu ministro». El pensamiento era fuerte y persistente, pero Daniel sintió que seguir su intuición sería arriesgado. No quería que su pastor o sus amigos lo vieran como un fanático. Sin embargo, debido a la insistencia interna de la Voz, se detuvo en la iglesia.

Le preguntó al ministro cómo iban las cosas. Para su sorpresa, el ministro dijo que se había desanimado un poco. La semana anterior, cuando había dirigido el culto de clausura de un fin de semana de renovación, la iglesia estaba abarrotada. ¿Dónde había estado todo el mundo este domingo? Daniel escuchó con simpatía y sugirió que tal vez él y el ministro podrían confiar en Dios con los resultados.

Esta experiencia hizo que Daniel reconociera que alguien estaba de hecho «tratando con su vida» y que debía seguir prestando atención a las cosas que estaban sucediendo a su alrededor. Mientras la vida de Daniel se renovaba, comenzó a leer sobre el liderazgo y la renovación de la iglesia de Cristo. Habló con el gerente de la librería local sobre un libro que le había sido particularmente útil. Resultó que el autor de ese libro vivía bastante cerca de la casa de Daniel. Imaginen su sorpresa cuando un asistente del autor llamó e invitó a Daniel a jugar al golf con él y el autor. (El gerente de la librería le había dicho al asistente sobre el entusiasmo de Daniel por el libro.) Una vez más este cristiano recién despertado sintió que vivía en el mundo espiritual de la Biblia, donde Dios actuaba en situaciones humanas.

Durante los siguientes meses, la fe de Daniel creció, y sus expectativas aumentaron. A medida que se adentraba en el mundo del Espíritu, su interés por los demás se hizo más profundo. Primero pensó en los amigos que no eran conscientes de la dimensión espiritual de la vida. Ray, un amigo que había conocido toda su vida, siguió viniendo a su mente, y empezó a orar por él. Como la directiva de animar a su ministro, la idea de hablar con Ray le vino repetidamente. Pero antes de que pudiera llamar a Ray, Ray lo llamó. En ese momento, Ray estaba en la ciudad y quería almorzar. Durante el almuerzo, con algunas dudas, Daniel le dijo a Ray que esperaba que no pensara que era un fanático, pero que quería hablar de cómo su vida había cambiado.

Cuando Daniel terminó de contar su historia, Ray dijo, «Me alegro de que me hayas contado esto. Yo también he estado buscando respuestas en mi vida. De hecho, el domingo pasado fui a la iglesia a adorar por primera vez en veinte años. Hasta entonces sólo había ido para bodas y funerales». Parecía claro que Dios estaba trabajando en Ray al mismo tiempo que Daniel estaba orando por él. La convicción de Daniel de que Dios estaba trabajando en él y a través de él se profundizó.

Esta creciente capacidad de hablar con otros sobre su fe llevó a Daniel a reconocer que estaba siendo llamado a trabajar con gente común. Nada le dio mayor alegría que ver a otra persona entrar en una nueva relación con Dios. A este respecto, me contó sobre la vida cambiada de uno de los vendedores que trabajaba para su compañía. Habló con cierto detalle de un joven que había conocido recientemente y que había tenido una experiencia cercana a la muerte. Había tenido un accidente grave con el camión que conducía, y se incendió. Se encontró atrapado bajo los restos en llamas, y notó que la gasolina goteaba en el suelo. Milagrosamente, se salvó, y sintió instintivamente que Dios lo había liberado, a pesar de que no sabía nada de Dios o de la Biblia. Daniel había formado un pequeño grupo de estudio de la Biblia para nutrirlo en la fe.

En el momento en que hablé con Daniel, estaba revisando sus dones, y descubrió que dos de sus principales dones eran la imaginación y la creatividad. Diseñó alfombras italianas para la empresa familiar, y me explicó cómo podía visualizar esas alfombras antes de que alguien dibujara los patrones de ellas. Pensó que podía usar este mismo don para visualizar el futuro y el ministerio que iba a tener. Poco después de que esta conciencia le llegara, Daniel comenzó a sentir la necesidad de desarrollar un instituto de formación para laicos. Compartió esta visión con amigos de confianza, y ellos la afirmaron. Ahora está esperando ver la mano de Dios—las huellas de Dios—más claramente.

Creo que nunca he hablado con un joven con mayor humildad. Daniel está seguro de que el llamado que trabaja en él no surge de sus propios talentos o habilidades. No se lleva el crédito por lo que está ocurriendo. Cree que está siendo actuado y usado por alguien más grande que él. Su esposa recientemente le preguntó por qué Dios lo había elegido. No tuvo respuesta; estaba tan aturdido por este giro de los acontecimientos como ella. Pero Daniel sigue escuchando a Dios y amándolo cada día, buscando hacer las cosas a las que Dios lo dirige.

La experiencia de Daniel ilustra vívidamente el trabajo de Dios de llamar a los laicos hoy en día. Demuestra concretamente algunos de los caminos de Dios con nosotros. Al relatar esta historia y otras, soy consciente de que todos tenemos diferentes encuentros con Dios. Pero una composición de historias de llamados seguramente pintará una imagen más clara de cómo puede ocurrir la llamada de Dios.

Las señales de la actividad de Dios

Mientras Daniel me contaba su historia, parecía que su vida tenía las huellas de Dios por todas partes. Las huellas estaban claras en una docena de lugares. Aunque mi historia y la tuya pueden diferir mucho de la de Daniel, la intervención de Dios en nuestras vidas ha dejado sus marcas. Al revisar nuestras vidas y al buscar la verificación de que nuestro llamado es de Dios, ¿cómo identificamos y evaluamos estas marcas de la Presencia Divina?

Uno de los mejores libros que he leído sobre el discernimiento vocacional se titula *Listening Hearts: Discerning Call in Community* [Corazones que escuchan: Discerniendo el llamado en comunidad], coescrito por Suzanne G. Farnham, Joseph P. Gill, R. Taylor McLean y Susan M. Ward.[3] Ellos identifican la claridad, la persistencia, la paz y la convergencia de los eventos de la vida (entre otros) como señales del llamado de Dios, las huellas de Dios en nuestras vidas. Estas son varias de las marcas tradicionales de la actividad de Dios; yo añadiría a esta lista la progresión, la convicción y el éxtasis. Para reclamar un llamado o identificar a Dios trabajando en tu vida, no necesitas todas estas señales. Pero es altamente improbable que tu llamado las excluya

---

[3] Suzanne G. Farnham et al., *Listening Hearts* (Harrisburg, Pa.: Morehouse Publishing,1991).

a todas. Mientras reflexiono sobre cada una de estas señales contigo, usa mis comentarios como un espejo para ver si alguna de estas señales aparecen en tu experiencia.

Claridad

Cuando es auténtica, la llamada de Dios no viene a nosotros en una forma borrosa e ininteligible. A veces puede venir en forma sorprendentemente clara, como la dirección de Dios a Saulo de Tarso: «Levántate y entra en la ciudad, y se te dirá lo que debes hacer» (Hechos 9:6). De manera similar, el llamado inicial de Daniel a buscar a Dios leyendo las Escrituras fue claro y convincente. Pero no todos los llamados son tan claros y específicos.

¿En qué punto se encuentra en su discernimiento del llamado? Si tu llamado no es claro al principio, espera a responder, pero no uses la vaguedad como una razón para postergarlo.

Persistencia

Cuando Dios llama, el llamado viene continuamente o al menos repetidamente. Nunca es un destello que desaparece en un corto período de tiempo. No debemos temer que Dios se vaya si no escuchamos el llamado al principio. Después de todo, Jesús nos ha dicho, «He aquí, yo estoy a la puerta y llamo» (Apocalipsis 3:20). En el caso de Daniel, el Espíritu de Dios habló al principio a través de un entrenador en un banquete, y luego la voz del Espíritu siguió hablando dentro de él, atrayendo a Daniel a las Escrituras. La mayoría de los que hemos tenido tratos con Dios sabemos que no se rinde fácilmente. ¿Qué tan persistente es el llamado de Dios para ti hoy?

Progresión

Un llamado progresivo es aquel que nos encuentra donde estamos en nuestras vidas. Dios nos habla en nuestro contexto actual para guiarnos a donde quiere que estemos. La historia de Pedro en Lucas 5:1-11 proporciona un excelente ejemplo de este llamado en desarrollo. El hermano de Pedro lo había traído a Jesús para las primeras conversaciones. Entonces Jesús lo encontró lavando sus redes después de una infructuosa noche de pesca. Después de que Jesús supervisara la milagrosa pesca, invitó a Pedro a convertirse en un aprendiz, un «pescador de hombres», y a seguirlo. Durante los tres años siguientes, Jesús le proporcionó a Pedro un aprendizaje. Los Evangelios cuentan esta historia, cada uno a su manera.

Nada es más obvio en la historia de Daniel que el desarrollo gradual de su llamado, con cada paso sintiéndose un poco más exigente. ¿Ves el desarrollo progresivo de los eventos en tu vida que te llevan de una experiencia de la voluntad de Dios a otra?

Congruencia del llamado y la circunstancia

Creo que cuando Dios nos ha llamado a un ministerio, habrá congruencia entre nuestro sentido interno de llamada y nuestras circunstancias externas. Cuando Dios llama, abre puertas. Trae a las personas adecuadas a nuestras vidas. Una amiga mía ha sido testigo de que cuando Dios nos llama a una tarea, las cosas encajan en su lugar, y que cuando no lo hacen, es hora de hacer una pausa. Ella explica: «Mi experiencia me ha enseñado que cuando tenemos dificultad para poner las cosas en su lugar, Dios puede darnos una señal de "espera"». ¿Qué clase de señales estás recibiendo?

Convergencia de eventos

Esta señal de la presencia de Dios sólo puede verse cuando llevamos un tiempo de viaje. La convergencia apunta a un «encuentro» de influencias o elecciones que parecen ser más que una mera coincidencia. Tomemos el caso de Saulo de Tarso. ¿Fue puramente accidental que naciera en una provincia romana y por lo tanto fuera un ciudadano romano? ¿Fue una coincidencia que se sentara en la cima de una colina observando la lapidación de Esteban? ¿Fue su diligente estudio con el más grande erudito de su tiempo una casualidad? ¿O fue la divina providencia la que actuó en su vida desde sus primeros días?

Considere las experiencias de Daniel de la misma manera. ¿Fue pura suerte que la compañía de Daniel contribuyera al banquete y que él decidiera asistir? ¿No fue clara la mano de Dios en la planificación del evento, de modo que antes de que el orador principal diera su presentación, un entrenador local dijo la palabra justa para que Daniel la escuchara? Otros también han discernido la mano de Dios en sus vidas más claramente a medida que los eventos han convergido. En el caso de Daniel, ¿no es su amigo Ray parte de los eventos convergentes? Daniel había estado pensando en ponerse en contacto con Ray. Y Ray, después de asistir a la iglesia por primera vez en veinte años, había estado pensando en Daniel y vino a la ciudad de visita. Durante el almuerzo Daniel habló con Ray sobre su fe, y Ray se conmovió. Cuando piensas en tu vida y en tu sentido de la llamada, ¿ves alguna convergencia de eventos en tu vida?

Convicción

Esta señal sugiere un conocimiento intuitivo que se origina en un encuentro con Dios. Tiene una estrecha afinidad con la forma reveladora de saber que discutimos anteriormente. Cuando tratas de explicar tu conocimiento por convicción, la lógica y el proceso fallan porque el conocimiento no te llegó de esa manera. En el conocimiento por convicción, sabes simplemente porque sabes. Antes me referí a la historia de Pedro y la pesca milagrosa. Recuerda que cuando Jesús está en el bote con Pedro y los otros, les dice que dejen caer sus redes en las aguas profundas, aunque no hayan pescado nada en toda la noche. Obedecen, y sus redes se llenan de peces. Este es el momento en el que Pedro es atrapado por la convicción. De repente se da cuenta de que, siguiendo las instrucciones de este hombre, ha capturado abundantes peces donde no había ninguno horas antes. Tiene más que una sospecha de que Jesús no es un hombre ordinario, y cae de rodillas y adora a Jesús.

En el caso de Daniel, ¿qué razón lógica podría dar para visitar a su ministro? No hubo una serie de eventos que lo llevaron a pasar por la iglesia para una visita. La idea de visitar a su ministro y ofrecerle aliento fue una idea que le vino espontáneamente a la mente. Al principio la idea le pareció tonta, pero la idea persistió, y Daniel cedió. El resultado de la visita justificó que se arriesgara a hacer lo que creía que Dios le decía que hiciera. ¿Y qué hay de ti? ¿La convicción está en medio de tu vida?

Paz

Por «paz» me refiero a una calma interior sobre la decisión que has tomado o estás a punto de tomar. *Shalom* es el estado personal desde el que debemos tomar nuestras decisiones, porque es el reino de Dios. Jesús prometió: «La paz os dejo, mi paz os doy; yo no os la doy como el mundo la da. No se turbe vuestro corazón, ni tenga miedo» (Juan 14:27). San Ignacio habló de la experiencia de la consolación. Lo que quiso decir con consolación se relaciona muy estrechamente con el concepto hebreo de *shalom*—la plenitud de la vida y la paz.

Cuando Daniel me contó su historia, me imaginé a un miembro superficial de la iglesia que se angustió al escuchar el testimonio de un entrenador de secundaria, y que luego buscó diligentemente la paz con Dios. Cuando conocí a Daniel, era un hombre que estaba en paz consigo mismo y que estaba haciendo las paces con los demás. Al contemplar la llamada de Dios en tu vida, ¿estás en paz con tus decisiones?

Éxtasis

La definición de Paul Tillich del éxtasis como «estar fuera de uno mismo y mirarse a uno mismo como algo extraño», aunque útil, puede no ser una definición totalmente adecuada. Otros definirían el éxtasis como ser bendecido por Dios, experimentar la presencia del Espíritu Santo, estar lleno del Espíritu, o recibir una revelación o estar en el Espíritu. Estas frases apuntan a una experiencia de lo santo que en última instancia desafía toda explicación. Sin embargo, este momento de éxtasis marca un tiempo en tu vida que funciona como una especie de línea divisoria, para que recuerdes la vida antes y después de que ocurra. Esta experiencia de éxtasis no acompaña a cada llamado. Pero cuando ocurre, el llamado a menudo parece más profundo y seguro.

Ciertamente la experiencia de Saulo en el camino a Damasco tiene una cualidad extática. Su espíritu es invadido por la presencia de Cristo resucitado, que le habla directamente. Más tarde en su vida, Saulo—para entonces Pablo—señala esta experiencia como el fundamento de su llamada y la inspiración para su trabajo. (Véase Hechos 26:12-18).

Pablo también escribe a los cristianos de Corinto sobre su experiencia de visiones y revelaciones. En un momento dado, describe una experiencia fuera del cuerpo en la que queda atrapado en el tercer cielo y oye cosas indecibles que ningún hombre puede repetir. Sin duda, tales experiencias extáticas profundizaron su fe y fortalecieron su ministerio. Estos encuentros con lo trascendente, que implican una forma por convicción de saber, autentificaron su ministerio.

La experiencia de Daniel no coincide en absoluto con la de Pedro o Pablo, pero ¿puedes imaginar lo que estaba sucediendo en él durante esas noches en las que leía la Biblia hasta la una o dos de la mañana? En una ocasión, cuando Daniel y yo estábamos hablando, dijo: «Creo que el Señor me ha dado una palabra para ti. Simplemente te la pasaré por lo que oigas en ella: "Es como tú crees"». Luego explicó que no quería parecer piadoso, pero sentía que habría sido infiel si no compartía lo que se le había dado. Tuve un momento de éxtasis en respuesta a esas palabras, porque se referían a mi propósito al escribir este manual. Daniel me había oído decir que yo pensaba que el Señor estaba llamando a hombres y mujeres laicos a ministerios significativos. «Es como tú crees». Cuando recibió esta revelación, ¿no fue un momento de éxtasis tanto para Daniel como para mí?

Desde los primeros días de la iglesia, el pueblo de Dios ha buscado reconocer y responder al llamado de Dios. A veces pasaban noches en oración; a veces huían al desierto para vivir en cuevas y comunas. Más tarde construyeron monasterios, que eran casas de oración y discernimiento. Las almas sensibles, desde Ignacio hasta Agustín, han escrito reglas de discernimiento para ayudarnos a todos en nuestros viajes. Y hoy, en el siglo XXI, estamos buscando una vez más formas de discernir el llamado de Dios y seguir su dirección.

En toda nuestra oración y búsqueda y estableciendo pautas para el discernimiento, nunca olvidemos que el discernimiento no es certeza; es comprensión de acuerdo a nuestra mejor habilidad. El verdadero discernimiento siempre deja espacio para la fe. La certeza no requiere fe, y Dios siempre está deseoso de fe. Nuestro discernimiento señala el camino, sugiriendo cómo debemos decidir y actuar, pero actuamos con fe, no con certeza. Dios no da garantías sobre el resultado de nuestro discernimiento, pero estará con nosotros en nuestros viajes y nos enseñará a través de nuestros giros equivocados. Y sus huellas divinas marcarán nuestras vidas.

En asuntos de discernimiento de la dirección de Dios en mi vida, siempre me consuela la confesión de Thomas Merton, el conocido monje trapense que escribió elocuentemente y honestamente sobre su fe y su vida. Sin duda he usado esta cita sobre el discernimiento en otro contexto. Pero es tan apropiada aquí que no puedo resistirme a citarla de nuevo:

Mi Señor Dios,

No tengo ni idea de adónde voy. No veo el camino que tengo por delante. No puedo saber con certeza dónde terminará. Ni tampoco me conozco a mí mismo, y el hecho de que piense que estoy siguiendo tu voluntad no significa que lo esté haciendo. Pero creo que el deseo de complacerte, de hecho, te complace.

Y espero tener ese deseo en todo lo que estoy haciendo. Espero no hacer nada más que ese deseo. Y sé que, si hago esto, me llevarás por el camino correcto, aunque no sepa nada al respecto.

Por lo tanto, confiaré en ti siempre, aunque parezca estar perdido y a la sombra de la muerte. No temeré, porque siempre estarás conmigo, y nunca me dejarás enfrentar mis peligros solo.[4]

Ejercicios en discernimiento

1. Escribe tu propia versión de la confesión de Merton, describiendo lo que crees que Dios te está llamando a hacer.
2. Prueba esta noción aplicando cada una de las señales del Espíritu de Dios discutidas en este capítulo. Piensa en cada uno de estas señales como una lente a través de la cual puedes ver el material de un llamado que has excavado de tu experiencia de vida. Todas estas señales probablemente no figurarán en tu llamado, pero sin duda encontrarás más de una.
3. Responde a las siguientes preguntas con respecto a tu llamado:
   - ¿Qué grado de claridad sientes sobre tu llamado?
   - ¿Persiste este llamado en tu mente? ¿O puedes olvidarlo fácilmente?
   - ¿Tienes la sensación de que este llamado se está haciendo más fuerte o más débil?
   - ¿Sientes que hay una congruencia de llamado y circunstancia en tu vida?
   - ¿Qué eventos han convergido para que este llamado se centre en tu mente? Haz una lista de los diversos factores que contribuyen a tu sentido de llamado.
   - ¿Cómo describirías la profundidad de tu convicción sobre este llamado de Dios en tu vida?
   - En los momentos en que dices «sí» a este sentido de llamado, ¿trae paz a tu alma?
   - ¿Has habido momentos de éxtasis relacionados con tu llamado? Por ejemplo, cuando piensas en responder a este llamado, ¿sientes pasión, júbilo, un poderoso sentido de compromiso?
4. Cuando hayas escrito tus respuestas honestas a estas preguntas, haz una pausa en silencio de oración.

---

[4] Merton, *Thoughts in Solitude* (Nueva York: Farrar, Straus & Giroux, 1976).

CAPÍTULO CINCO

Luchando con Dios, y con nosotros mismos

El llamado de Dios a menudo crea tensión en nuestras almas. Para muchos de nosotros, la tensión se convierte en una lucha con Dios que a menudo incluye aún más de nosotros mismos—viejas percepciones, conflictos no resueltos y preguntas sin respuesta. En nuestra lucha con Dios, también nos enfrentamos a conflictos personales al tratar con éxitos y fracasos del pasado, nuestros apegos a nuestras posesiones y nuestro estilo de vida, y nuestros temores sobre las consecuencias de ceder a Dios. Pero cuando nos detenemos a pensar en los humanos contendiendo con Dios, nos sorprende lo necio que es esto. Job debió sentir la necedad de la lucha cuando Dios le preguntó: «¿Podrá el que censura contender con el Todopoderoso? El que reprende a Dios, responda a esto» (Job 40:1-2).

La misma noción de un humano luchando con Dios me recuerda la lucha de Jacob con el Todopoderoso. Después de años de manejar exitosamente los rebaños de su tío y de «mugir» en el camino, Jacob decidió regresar a Canaán. Después de despedirse de su tío, reunió a su familia, sus sirvientes, sus posesiones (y un poco más de lo que era suyo) y se fue a su país natal.

Al acercarse a su destino, sus sirvientes le informaron que su hermano Esaú estaba en camino para recibirlo. Jacob, aterrorizado porque había robado el lugar privilegiado de su hermano en la familia, preparó una ofrenda para apaciguar la ira de Esaú. Sólo necesitaba un rápido escaneo de su memoria para localizar el miedo que había sentido cuando salió de casa para escapar de la ira de su hermano. Este miedo puede haberse alimentado de su más reciente engaño y codicia: durante la temporada de cría, había prestado especial atención a su propio ganado, cabras y ovejas y había descuidado los intereses de su tío. Jacob tenía razones para tener miedo.

Antes del fatídico día del encuentro, Jacob envió a Esaú regalos de sus rebaños. Sus sirvientes separaron los regalos lo suficiente para que Esaú recibiera una ofrenda de paz tras otra. Como otra medida de protección, Jacob dividió el resto de sus bienes en dos campamentos. De esa manera, si Esaú lo atacaba y ganaba, no lo perdería todo.

Después de hacer todos estos elaborados preparativos, Jacob tomó a su familia inmediata y cruzó el río de Jaboc para pasar la noche. La historia en el Génesis continúa: «Jacob se quedó solo, y un hombre luchó con él hasta rayar el alba» (32:24). Si sólo tuviéramos esta afirmación que describe la lucha, podríamos pensar que este hombre era uno de los soldados de Esaú o uno de los propios sirvientes de Jacob—o tal vez representaba la lucha de Jacob con un conflicto interno. Pero estas especulaciones no darían en el blanco. Jacob luchaba con una figura trascendente, ya fuera un ángel o el Todopoderoso. Luchó con el visitante celestial hasta que salió el sol. Entonces la figura trascendente gritó, «Déjame ir, porque el día está amaneciendo». Pero Jacob respondió, «No te dejaré ir, a menos que me bendigas».

La figura trascendente preguntó: «¿Cómo te llamas?»

«Jacob», respondió.

Entonces la figura declaró: «Ya no te llamarás Jacob, sino Israel, porque has luchado con Dios y con los humanos, y has vencido». Y bendijo a Jacob.

Esta breve narración describe a un hombre que fue llamado por Dios para poseer la tierra que le fue dada a su abuelo, Abraham. Se vio obligado a responder al llamado, pero el llamado despertó sus recuerdos y desató sus miedos. Se sentía no sólo temeroso de su hermano, sino también culpable ante Dios. Se sentía inadecuado para la tarea y temeroso del resultado. Esta lucha lo llevó a la oración, que se simboliza en su noche de lucha con la figura que finalmente lo bendijo.

¿Cuántas veces se ha llevado a cabo esta dramática lucha en la vida del pueblo de Dios? Jacob prevaleció, no anulando el plan de Dios, sino alineándose con él. La bendición fue en realidad el *shalom* de Dios, y de muchas maneras la experiencia paradigmática de Jacob informa nuestra propia lucha con el llamado de Dios.

En capítulos anteriores les presenté cuatro individuos con cierto detalle; cada uno había sentido el llamado de Dios. Un hombre se preguntaba si había sido llamado al ministerio ordenado; otro se preguntaba si había sido llamado a fundar un instituto bíblico. Una mujer fue llamada a ministrar a los moribundos; otra fue llamada a rescatar a niños abusados. Como recuerdan, ninguno de estos individuos encontró fácil responder al llamado. Más bien, cada uno se sentía algo conflictivo sobre el llamado y cómo debían responder a él.

Otro Jacob de otro río

Conocí a Jay en Berkeley. Durante los primeros días de la clase que enseñaba en la escuela de verano de la Graduate Theological Union, noté los ojos penetrantes y el corazón hambriento de este hombre. Durante el descanso del segundo día, me propuse buscarlo y entablar conversación con él. Era un individuo muy interesante.

Jay era un empleado del estado, a cargo del entrenamiento en computación para un departamento con tres mil empleados. Dirigía una unidad de doce entrenadores que viajaban por todo el estado, introduciendo a los empleados en un nuevo sistema informático estatal. Le gustaba su trabajo y había avanzado rápidamente.

Pero había más en Jay que un mero entrenamiento y éxito profesional. También era un buscador. Él y su esposa habían sido miembros de la iglesia presbiteriana de su ciudad natal durante varios años. No sólo eran asistentes regulares sino también muy trabajadores. Enseñaban en el programa educativo de la iglesia y participaban en el alcance misionero de la congregación. Cuando Jay y yo hablamos, el asunto que salió a la superficie rápidamente se relacionaba con su búsqueda personal, no con su participación religiosa en la iglesia. Aquí había un hombre que era duro para con Dios. O tal vez una mejor manera de describir su situación sería decir que Dios era duro después de él.

La idea de esta «doble búsqueda» a menudo nos lleva a un dilema. ¿Estamos buscando a Dios? ¿O es que Dios nos busca a nosotros? (Discutiremos estas preguntas más a fondo a medida que se desarrolle el capítulo.) En cualquier caso, la búsqueda estaba seriamente en marcha en la vida de Jay. No sólo era activo en su congregación, sino que también asistía a varios retiros y clases, como el que yo enseñaba. Encontré que su evaluación de sí mismo era clara y honesta. Sabía que había una dimensión más profunda en la fe que la que él estaba experimentando.

En el curso de nuestra conversación, describí el Certificado de Formación Espiritual que ofrecíamos en el Columbia Theological Seminary. Parecía muy interesado en él, y lo invité a considerar el curso introductorio que todos los participantes toman. Ese otoño respondió a mi invitación y vino a lo que llamamos «Semana de inmersión». Creo que puedo decir con seguridad que su lucha en el río Jaboc había comenzado en serio en este momento. De manera metafórica, pudo testificar con Jacob sobre el nombre del lugar Peniel: «He visto a Dios cara a cara, y ha sido preservada mi vida» (Gén. 32:30). La lucha de esta semana no era más que una introducción a otras luchas que Jay enfrentaría en los próximos años.

La primera lucha de Jay comenzó cuando se dio cuenta de que su esposa, Millie, no había compartido esta experiencia con Jaboc. Se preguntó cómo podría llegar a entenderlo si no lo había experimentado. En el momento en que lo conocí en Berkeley, Millie, aunque activa en la iglesia, no parecía buscar más allá de su experiencia actual. ¿Esta transformación que Jay estaba empezando a experimentar lo alejaría de ella? ¿Dios se dedica a ese tipo de actividad?

Durante el año siguiente, Jay participó en dos o tres clases más en el programa de Columbia. Dios trabajó con él de manera significativa en lo que respecta a su estilo de vida y sus valores, y Jay comenzó a hacer cambios en la forma en que conducía su vida. También se enfrentó a problemas en su vocación. ¿Su trabajo actual hizo un uso sabio de sus dones?

En el segundo año del programa de Jay en Columbia, Millie, a instancias de Jay, asistió a un curso impartido por Walter Brueggemann. Él se refirió a las mismas autoridades que informaron los cursos de antropología que ella enseñó en una universidad local. Como la mayoría de la gente, se sintió inmediatamente inspirada y desafiada por la amplitud de conocimientos de Brueggemann y su inimitable manera de presentarlos. Debido a su experiencia en este primer curso, se inscribió en la siguiente Semana de inmersión y se sumergió de lleno en el programa, buscando la voluntad de Dios para ella.

En el momento en que Jay terminaba el programa, su trabajo se estaba convirtiendo en un asunto crítico para él. Siempre había disfrutado de su trabajo y sentía que valía la pena tanto para la gente con la que trabajaba como para el público en general. Su problema no era tanto el trabajo en sí mismo, sino el deseo de la dirección de promocionarlo.

Por primera vez en su carrera, Jay se comprometió con este tema a la luz de su fe, su nuevo sentido del significado y la intención de Dios para él. Ahora, en lugar de preguntarse qué era lo mejor para él financieramente, se preguntaba, «¿Qué quiere Dios de mí?» Fue esta nueva perspectiva la que creó la tensión. Y no podía descubrir la respuesta sin otra lucha junto al río Jaboc.

Jay era muy respetado por sus empleados, y a menudo era elogiado por la dirección como un supervisor modelo. Al final, aceptó un ascenso temporal para probar el nuevo puesto. Pero al final de tres meses, se dio cuenta de que su nuevo trabajo le exigía tanto que no quedaba tiempo para Dios. Continuar en este curso significaría dedicar largos días, estar siempre de guardia, mantener un ritmo frenético y lidiar con un estrés significativo. Significaría usar a la gente como un recurso prescindible para ser quemado y luego desechado. Significaría «jugar duro» para superar el estrés de «trabajar duro». Significaría no tener tiempo o corazón para actividades de la iglesia o una vida espiritual. En esta lucha con Dios, Jay finalmente encontró el coraje para rechazar el ascenso.

Después de regresar a su antiguo trabajo—no tan exigente como el nuevo habría sido, pero aun así muy agitado—Jay hizo un esfuerzo para reducir el ritmo de su vida. Pero aun así se encontró demasiado ocupado. Luchó con un calendario de cinco reuniones al día, que no le dejaba tiempo para entrenar a los empleados (su verdadero trabajo). Las palabras «Confía en mí... confía en mí» seguían surgiendo en sus oraciones. Un día la respuesta completa llegó a Jay inesperadamente. La lucha en el río Jaboc había terminado. Jay pidió una baja voluntaria y la recibió. Captó la idea que le habían dado en un poema de rendición titulado «Estoy aprendiendo»:

Estoy aprendiendo

Amando a Dios, estoy aprendiendo a valorar el ser, a valorar quién soy y de quién soy. No soy lo que hago para ganarme la vida, o lo que he conseguido, por todo lo que es vanidad. En su lugar, sirvo al Dios vivo y amoroso, a ti, la base de mi ser.

Estoy aprendiendo a servir, a ceder mi derecho a mandar y exigir. En el amor, animo a otros a serlo. Renuncio a mi necesidad de dirigir y controlar.

Estoy aprendiendo a renunciar a mi ego, para ser un conducto a través del cual uses mis manos y pies para hacer tu voluntad en la tierra como en el cielo.

Estoy aprendiendo tu voluntad, en las elecciones diarias que oscilan entre los ídolos de seguridad contra los riesgos de la fe. Me despierto cada mañana y decido si continúo el viaje de fe o me conformo con la seguridad. Tu voluntad es realmente sobre la confianza.

Estoy aprendiendo a confiar, a confiar en que eres Dios. Confiar en que tienes el control, mantener tus promesas, desear lo mejor para mí, confiar en que me amas. Cuando no puedo sentir tu presencia, en la oración bailo lentamente a través de la oscuridad.

Estoy aprendiendo a orar, a pedir con gracia para mí y para los demás. Cuanto más oro, más escucho. En silencio dices tu palabra que no tiene principio ni fin. Lento el paso.

Estoy aprendiendo a escuchar —con los oídos del corazón— aprendiendo a sentir los ritmos: actuar, orar, amar, orar. Tranquilamente fluye el himno del universo, el balanceo de las respiraciones divinas. Ríndete al ritmo de la gracia redentora.

Jay ahora trabaja para uno de sus anteriores empleados como miembro de su equipo. Está muy feliz y totalmente comprometido con su vida con Dios.

Jay se fortaleció mientras trabajaba fielmente en su camino a través de estas luchas y descubrió que el que lo había llamado era fiel. Dios se reveló a Jay, lo guió en sus relaciones familiares, lo ayudó a evaluar su trabajo y su estilo de vida, y le mostró la fuente de su fortaleza. Antes de ofrecerles una visión más profunda de esta fuente fácilmente disponible, los invito a examinar sus propias luchas más de cerca.

¿Estamos luchando con Dios, o con nosotros mismos?

Cuando el llamado de Dios te presiona fuertemente y sientes que debes tomar una decisión, ¿qué te dices a ti mismo? ¿Qué respuestas a Dios te vienen más naturalmente? ¿Sientes que no tienes tiempo para seguir el llamado? ¿O tienes sentimientos de insuficiencia o indignidad? ¿Los miedos le impiden responder, o hay algún asunto familiar al que se retira? Esta es una pregunta de doble cara. Por un lado, parece que estás luchando con Dios, pero por otro lado parece que estás luchando contigo mismo. Tal vez es ambas cosas a la vez, como lo fue en la situación de Jacob. Unos cuantos consejos pueden ayudarte a recordar tus habituales tropiezos (y excusas) cuando es el momento de tomar una decisión.

1. ¿Te sientes demasiado ocupado para responder a un llamado? ¿Afirmas que tienes tanto que hacer que no te queda tiempo ni espacio para Dios? Sin duda, la mayoría de nosotros estamos muy ocupados,

con demasiada agenda, compromisos y con exceso de trabajo. Nuestros calendarios tienen tantos compromisos cada día que descuidamos a Dios, la iglesia, la familia y a nosotros mismos. Nuestras vidas se han programado tanto que cuando presionamos «enter» en el ordenador de nuestra vida, nuestro día estructurado comienza automáticamente.

Hace un tiempo recibí un e-mail de una mujer que buscaba guía espiritual. Su ministro le había recomendado que se pusiera en contacto conmigo. Como nos habíamos conocido antes, durante un retiro que dirigí para su iglesia, se sintió libre de compartir conmigo sus sentimientos de estar atrapada en una montaña rusa de actividad. Lo primero que le pedí fue que me llamara por teléfono para que pudiéramos hablar. Durante el curso de nuestra conversación, le sugerí que podría controlar su vida haciendo un ejercicio de diario. Le pedí que empezara por responder una sola pregunta honesta y atentamente: «¿Qué está pasando en mi vida?» Esto es lo que escribió:

> En mi mundo exterior, mi vida es caótica: trabajar de 60 a 80 horas a la semana, ser esposa, madre, entrenadora del equipo de la «Odisea de la mente» de mi hija, miembro del comité de personal de la iglesia, etc. La gente sigue preguntándome cómo mantengo todo junto. La verdad es que no mantengo mi vida muy bien. Soy la hija de un padre perfeccionista y una madre con complejo de mártir—además de que estoy impulsada por una malsana y extrema ética de trabajo puritano.
>
> No hago bien el ocio. Me maravillo de la capacidad de mi marido para apagar todo y dormir a mitad del día para ver la televisión, leer o dormir una siesta. ¿Por qué no puedo hacer lo mismo? Parece que siempre hay una larga lista de cosas que necesitan ser atendidas (lavar la ropa, lavar los platos, recoger la casa, arreglar nuestra ropa).
>
> ¿Dónde está el tiempo para mí? ¿Dónde está el tiempo para Dios? Recuerdo que mi ministro dijo una vez que hay una diferencia entre «hacer» y «ser». Mi vida es un montón de «hacer» sin un «ser» correspondiente. Centrarme en el «ser» simplemente no está en mi naturaleza. ¿Es posible que encontrar un camino a través de esta vida «empaquetada» sea encontrar mi camino hacia Dios?

Si esta exitosa mujer dijera: «Estoy muy ocupada», ¿quién no estaría de acuerdo con ella? Si Dios la llamara a un ministerio especial, lo más probable es que respondiera: «Estoy demasiado ocupada». Sospecho que su respuesta sería correcta, pero podría ir tan rápido que ni siquiera escucharía el llamado.

Tal vez para esta maravillosa, exitosa y altamente comprometida persona, el llamado de Dios sería una poderosa interrupción en una vida muy estructurada y altamente sobrecargada. Entiendo este tipo de vida. Podría haber escrito una descripción similar hace unos años. ¿Y qué hay de ti? ¿El trabajo te impide responder al llamado de Dios?

2. ¿Tienes sentimientos de indignidad? He hablado con más de una persona que, cuando fue llamada por Dios, se sintió tan indigna que su voluntad se paralizó. Es difícil culpar a alguien por esta respuesta. ¿Quién, después de todo, se siente digno de que Dios se dirija a él? Un momento de reflexión nos da todo el tiempo que necesitamos para darnos cuenta de que nuestras manos no están limpias y nuestro registro no es puro—pero este Dios sigue llamándonos a pesar de nuestras imperfecciones.

Una vez hablé con una mujer llamada Kayron, que parecía estar particularmente agobiada por un sentimiento de indignidad. Se había criado en un hogar católico, pero de joven dejó la iglesia. Con el paso de los años, se casó y divorció varias veces. Su sentido de autoestima y confianza en sí misma fue completamente erosionado por estas experiencias.

Luego se casó con un hombre que era estable y confiable—y, lo mejor de todo, que la amaba. En esta relación amorosa, él oró por ella y la animó a adorar con él. Afortunadamente, eligieron una iglesia con un ministro que hablaba claramente del amor de Dios, y la congregación les abrió los brazos como pareja. Ambos se volvieron genuinamente activos en el trabajo de la iglesia. Así que parecía que su vida se había renovado de muchas maneras.

Cuando hablé con ella sobre su llamado, al principio respondió con entusiasmo: «¡Oh sí, creo que Dios tiene algo para mí!» Luego comenzó a describir su deseo de ayudar a niños abusados sexualmente.

Pero después de unos minutos dejó de hablar. En el silencio que siguió, inclinó su cabeza como si estuviera orando. Luego, con palabras apenas audibles, dijo: «Pero me siento tan indigna del llamado de Dios».

Estaba claro para mí que, aunque las circunstancias de su vida actual eran buenas, todavía estaba obsesionada con su pasado. «Por favor, no dejes que tu pasado te agobie», la animé. «Dios te ha perdonado todos tus errores del pasado, y nuestro Dios no nos regaña por nuestros fallos e insuficiencias».

Cuando Pedro cayó de rodillas ante Jesús y confesó su indignidad, Jesús no honró su confesión confirmándola, sino que dijo: «Sígueme». Tal vez esto sugiere que Jesús no nos ve como indignos.

3. ¿Tienes sentimientos de insuficiencia, un sentido de falta de preparación? La mención de insuficiencia trae a la mente el intercambio entre Moisés y el Dios Altísimo en Éxodo 3:9-14:

> Y ahora, he aquí, el clamor de los hijos de Israel ha llegado hasta mí, y además he visto la opresión con que los egipcios los oprimen. Ahora pues, ven y te enviaré a Faraón, para que saques a mi pueblo, los hijos de Israel, de Egipto. Pero Moisés dijo a Dios: ¿Quién soy yo para ir a Faraón, y sacar a los hijos de Israel de Egipto? Y Él dijo: Ciertamente yo estaré contigo, y la señal para ti de que soy yo el que te ha enviado será esta: cuando hayas sacado al pueblo de Egipto adoraréis a Dios en este monte. Entonces dijo Moisés a Dios: He aquí, si voy a los hijos de Israel, y les digo: «El Dios de vuestros padres me ha enviado a vosotros», tal vez me digan: «¿Cuál es su nombre?», ¿qué les responderé? Y dijo Dios a Moisés: YO SOY EL QUE SOY. Y añadió: Así dirás a los hijos de Israel: «YO SOY me ha enviado a vosotros».

Moisés sintió lo que cualquiera de nosotros hubiera sentido ante el desafío de liberar al pueblo de Dios de Egipto. «¿Quién soy yo», preguntó Moisés, «para ir al Faraón y desafiarlo?» Moisés no tenía ejército. No tenía conexiones políticas en la corte del Faraón. Los israelitas eran demasiado pobres e impotentes para montar una insurrección. ¿A dónde podría Moisés acudir?

En respuesta a la parálisis de Moisés, el Señor dijo: «Estaré contigo». ¿No debería ser esto suficiente para Moisés, y para nosotros? Pero el Señor continuó, «Esto será una señal para ti de que soy yo quien te envió: cuando hayas sacado al pueblo de Egipto, adorarás a Dios en este monte». Esta declaración no es un pensamiento tardío. No es una adición a la promesa de presencia; es una señal que subrayará esa presencia. Parafraseando esta promesa, diría: «Moisés, cuando saques al pueblo de Egipto y estés solo en la cima de esta montaña recibiendo mi ley y adorándome, se te recordará que yo hice la promesa y la cumplí». Cuando Moisés mirara la evidencia, sabría que el Dios cuyo nombre es YO SOY EL QUE SOY (o «haré lo que haré») había liberado al pueblo de la esclavitud.

Aunque nuestro llamado nunca estaría en la misma escala o nivel que el llamado a Moisés, podría ser lo suficientemente desalentador como para evocar sentimientos de insuficiencia. Sea cual sea el llamado de Dios, siempre es una tarea más grande que la que podemos realizar con nuestras propias fuerzas. El llamado generalmente requiere un cambio, y con el cambio viene el riesgo, y el riesgo aumenta nuestros temores. Cuando este tren de respuestas llega al miedo, nos sentimos abrumados y debemos enfrentarnos a nuestro sentimiento de insuficiencia.

Con toda franqueza, dudo que ningún siervo de Dios se haya sentido adecuado al llamado. La mayoría de los que hemos escuchado el llamado de Dios hemos tenido que aprender a depender de Dios y sólo de Dios. Dios promete estar siempre con aquellos a los que llama. Podemos depender de su presencia para que nos guíe cuando no conocemos el camino, para que nos dé poder cuando nos venzan nuestros sentimientos de insuficiencia, y para que manifieste su voluntad a través de nosotros cuando caminemos con él.

Con el tiempo he llegado a conocer más íntimamente a algunos de los verdaderos grandes líderes de la iglesia, y he descubierto que tienen los mismos sentimientos de ansiedad e inadecuación que yo. Por fuera parecen tranquilos y llenos de confianza, pero por dentro experimentan su propia incapacidad para hacer el ministerio de Dios sin su ayuda. Ya sea que estemos enseñando la verdad de Dios, mostrando la compasión de Dios a los pobres, o trabajando por la justicia, siempre es lo mismo. Simplemente no podemos hacer el trabajo de Dios sin la presencia y la ayuda de Dios.

Recuerdo el domingo por la mañana que me encontré en un banco en una iglesia de la costa oeste, escuchando la confesión de un dinámico joven ministro. Explicó que antes en su vida se había sentido llamado por Dios a predicar, pero que no se había sentido liberado al llamado. La palabra «liberado» me fascinó, y me pregunté qué quería decir con eso. Entonces llegó su explicación: Cuando consideró convertirse en ministro del evangelio, se sintió abrumado por sentimientos de insuficiencia y debilidad. «¿Cómo podría Dios usar a una persona como yo?» se había preguntado. Había encontrado la respuesta en el texto que estaba predicando ese domingo: La primera carta de Pablo a la iglesia de Corinto, en la que escribió,

Cuando fui a vosotros, hermanos, proclamándoos el testimonio de Dios, no fui con superioridad de palabra o de sabiduría, pues nada me propuse saber entre vosotros, excepto a Jesucristo, y este crucificado. Y estuve entre vosotros con debilidad, y con temor y mucho temblor. Y ni mi mensaje ni mi predicación fueron con palabras persuasivas de sabiduría, sino con demostración del Espíritu y de poder, para que vuestra fe no descanse en la sabiduría de los hombres, sino en el poder de Dios. (1 Co. 2:1-5)

¿Podría ser que nuestro sentido de insuficiencia sea siempre el preludio para recibir la ayuda de Dios?

4. ¿Tienes una visión limitada de un llamado? Muchas personas piensan que los únicos «llamados» que conocen son los ministros ordenados. Un amigo mío ilustra esta percepción errónea. Dios la despertó en la noche, llamándola por su nombre para que no pudiera dormir. En respuesta, consultó con su ministro, leyó los pasajes de las Escrituras sobre el llamado, y luchó con la idea de ir al seminario.

Entonces la Voz le habló de nuevo: «Mis discípulos en la iglesia primitiva no fueron al seminario. Me sirvieron donde estaban con los dones que tenían. Están llamados a servirme aquí con los dones que les he dado». Un llamado de Dios no significa necesariamente que debas ir al seminario o estar en un ministerio ordenado. Sé paciente, escucha, y espera claridad en tu llamado.

5. ¿Tu matrimonio presenta un desafío adicional? Si estás casado, la respuesta de tu cónyuge al llamado es siempre importante. Como contexto para nuestra discusión de la relación de los cónyuges cuando se escucha un llamado, recurro a las palabras de Pablo a la iglesia de Corinto. Como saben, esta iglesia tenía muchos problemas y asuntos, desde quién debía bautizar a quién, hasta si debía o no comer carne sacrificada a los ídolos, y la cuestión de la resurrección de Jesús. En esta mezcla de temas Pablo también se ocupó de la relación entre hombres y mujeres. Debido a las tensiones de ese período de tiempo en particular, parece haber aconsejado en contra del matrimonio (1 Co. 7:8). Pero a los que estaban casados les dio sugerencias para mantener el matrimonio (aunque él mismo no estaba casado). Enfatizó dos asuntos de particular importancia: primero, que los esposos y las esposas no se privaran mutuamente de las relaciones sexuales; y segundo, que cada uno viviera la vida a la que Dios lo llamó a vivir (1 Co. 7:1-7,17).

De las directivas de Pablo, surgen dos ideas críticas. Primero, cada persona que es bautizada en el cuerpo de Cristo tiene un llamado de Dios, y es importante que viva ese llamado (1 Co. 7:17; 12:4-13,27). Pocos de nosotros somos lo suficientemente sabios o maduros para discutir este tema antes del matrimonio, y por lo tanto el llamado de Dios usualmente toma a ambos cónyuges por sorpresa. Ninguna de las personas con las que hablé había anticipado una llamada de Dios, pero todos eran muy sensibles al sentido de la llamada de sus cónyuges.

¿Cómo respondería una esposa al llamado de su marido al ministerio ordenado? ¿Cómo reaccionaría un marido al llamado de su esposa a un ministerio de sanación? ¿Qué significaría para una esposa si su marido se convirtiera en un evangelista personal? Aquellos con los que he hablado sabían desde el principio que moverse lentamente y hablar sobre los cambios era un aspecto delicado pero esencial del llamado. Es dolorosamente difícil para una persona en un matrimonio tener un ministerio efectivo hasta que el llamado sea negociado apropiadamente.

Al principio de mi matrimonio con Nan, el tema del acuerdo conyugal se convirtió en un asunto crítico para nosotros. Durante cuatro semanas toda la familia estuvo conmigo durante mi residencia final para el grado de Doctor en Ministerio en el San Francisco Theological Seminary. Con dos semanas restantes, Nan y los niños volvieron a Atlanta, dejándome para investigar para mi proyecto de doctorado. Durante esas dos semanas me involucré profundamente en el estudio de los temas ambientales y en la detección de un llamado a un cambio de estilo de vida relacionado con mis valores.

Mientras volaba de regreso a Atlanta, me di cuenta de que Nan no había participado en el estudio y no había hecho los compromisos que yo tenía con respecto a los temas. Ni siquiera habíamos hablado de ello en nuestras conversaciones telefónicas diarias. Antes de que el avión aterrizara, me puse cada vez más ansioso. No saqué el tema durante mis primeras horas en casa, pero Nan podía decir por mi mirada y mi comportamiento que algo me estaba poniendo tenso. Esa noche, mientras compartíamos una cena, ella preguntó: «¿Qué te pasa?»

Le expliqué que había sido desafiado a hacer algunos cambios en mi estilo de vida con respecto a comer carne, usar energía y conservar recursos. Luego le confesé que tenía miedo de que, si hacía los cambios que sentía que debía hacer, afectaría seriamente nuestra relación.

Qué afortunado soy. Nan escuchó pacientemente mientras le explicaba mi miedo al cambio. Cuando terminé de contarle mis sentimientos, ella dijo muy simplemente, «Te amo y te apoyaré en cualquier cambio que sientas que es necesario que hagamos».

Las luchas más profundas

No quiero minimizar el miedo, el dolor y la frustración que son parte de nuestra lucha con el llamado de Dios. Estas respuestas y emociones son reales, pero parecen ser expresiones de luchas internas más profundas. Creo que hay problemas en nuestro yo más profundo que el llamado a menudo evoca. Por ejemplo, ¿cuáles son los problemas más profundos para la persona que se siente «demasiado ocupada» para responder al llamado de Dios? ¿Qué impulsa el calendario y la agenda de citas?

Sugiero que somos personas impulsadas por nuestros valores sociales y las necesidades personales percibidas. ¿Por qué la mujer que habló conmigo tiene una agenda tan ocupada? ¿Por qué me conduje durante años para aprovechar cada oportunidad de hablar que se me presentaba? Todos los días, la cultura occidental nos recuerda la «importancia» de la ropa que usamos, los coches que conducimos, las casas en las que vivimos, y las características externas del éxito. Tal vez estos valores tienen raíces en nuestras necesidades de seguridad, reconocimiento y poder. Creo que cuando miramos de cerca nuestros valores y necesidades personales, podemos encontrar las raíces del trabajo. Me parece que el trabajo es en realidad un síntoma de un sistema de valores falso o un ego empobrecido.

Creo que nuestros sentimientos de insuficiencia a menudo provienen de una imaginación equivocada. Algunos de nosotros hemos aprendido a ver el peligro donde el peligro no existe; hemos aprendido a temer lo desconocido porque puede tener poderes destructivos. Ambos, la sensación de peligro y el miedo a lo desconocido, son productos de la imaginación. Algunos de nosotros podemos rastrear estos sentimientos hasta nuestros años de formación. Tuvimos madres u otros mentores que, en un esfuerzo por protegernos del daño, nos advirtieron constantemente sobre lo que *podría* suceder. En prácticamente todos los casos, lo temido nunca ocurrió.

Cuando estaba creciendo, mi madre me instó a trabajar duro y a ahorrar mi dinero porque nunca supe qué tipo de desastre podría ocurrirme. Trabajé duro y ahorré mi dinero, y durante sesenta años he estado esperando que me ocurriera esa cosa devastadora. Estoy listo, pero aún no ha llegado. Un colega mío dijo una vez que había estado huyendo de la pobreza toda mi vida, aunque no había dado un paso adelante en treinta años. ¿Por qué me dijo esto mi madre? ¿Para convertirme en una persona negativa? No, ella sólo intentaba protegerme de algunos de los momentos difíciles que había vivido. Quedó huérfana a los dos años, luego vivió con un tío hasta que salió de la universidad. Poco después de casarse, el país se sumergió en la Gran Depresión, y tuvo un hijo en medio de esos años tan difíciles. La vida le había enseñado a estar preparada para los tiempos difíciles. Tal vez este pedazo de mi vida explica mi adicción al trabajo compulsivo.

Sospecho que todos tenemos historias que revelan estos miedos ocultos.

Una imaginación sana podría crear la imagen opuesta del futuro. Si nos viéramos en sociedad con Dios para cumplir su misión en el mundo, ¿no haría eso una diferencia en nuestros sentimientos? Si se nos han dado dones para implementar el llamado que hemos recibido, ¿necesitamos preocuparnos por la debilidad? El poder para el servicio no viene de nosotros sino de Dios.

Purgar nuestras mentes de la práctica malsana de imaginarnos inferiores o inadecuados para las tareas a las que somos llamados requiere disciplina. Puede que durante años hayamos aceptado la noción de que, si no podemos hacer siempre cosas correctas y buenas, no podemos vivir vidas agradables a Dios. Las viejas ideas como ésta deben ser desafiadas, resistidas y desarraigadas para permitir que la verdad brille en nuestra imaginación.

Una imagen negativa de sí mismo proporciona un terreno fértil para que crezcan los miedos y las dudas. ¡Nunca olvides que hemos sido creados a imagen de Dios! De todas las criaturas de Dios, somos los que podemos reconocer la gloria de Dios y ofrecerle alabanzas. Una lectura frecuente del Salmo 8 ofrece una saludable prescripción para una autoimagen negativa:

¡Oh Señor, Señor nuestro,
cuán glorioso es tu nombre en toda la tierra,
que has desplegado tu gloria sobre los cielos!
Por boca de los infantes y de los niños de pecho has
establecido tu fortaleza,
por causa de tus adversarios,
para hacer cesar al enemigo y al vengativo.
 Cuando veo tus cielos, obra de tus dedos,
la luna y las estrellas que tú has establecido,
digo: ¿Qué es el hombre para que de él te acuerdes,
y el hijo del hombre para que lo cuides?
¡Sin embargo, lo has hecho un poco menor que los ángeles,
y lo coronas de gloria y majestad!
Tú le haces señorear sobre las obras de tus manos;
todo lo has puesto bajo sus pies:
ovejas y bueyes, todos ellos,
y también las bestias del campo,
las aves de los cielos y los peces del mar,
cuanto atraviesa las sendas de los mares.
¡Oh Señor, Señor nuestro,

cuán glorioso es tu nombre en toda la tierra!

Los primeros versos del Salmo 9 parecen ser una respuesta apropiada a las afirmaciones del Salmo 8:

Alabaré al Señor con todo mi corazón.
Todas tus maravillas contaré;
en ti me alegraré y me regocijaré;
cantaré alabanzas a tu nombre, oh Altísimo. (Sal. 9:1-2)

Las afirmaciones de los seres humanos en el Salmo 8 son quizás las más extravagantes que se encuentran en las Sagradas Escrituras. El salmista sólo pudo responder con la gratitud que vemos en el siguiente salmo.

Pero la imagen de sí mismo no es la única cuestión. Otra cuestión puede ser la fuente de numerosos temores que tenemos sobre nuestro llamado—la forma en que imaginamos a Dios. ¿Cómo piensas en Dios en relación a ti mismo?

Demasiados de nosotros fuimos criados en un ambiente religioso que nos proporcionó numerosas razones para temer a Dios y para imaginar que Dios es el soberano que debe ser aplacado para no ser destruido. Esta visión negativa de Dios inspiró imágenes de él como un juez o un policía o un detective en lugar de un ser cariñoso, como un padre o una madre que nos amaba, nos alimentaba y nos apoyaba. Esta imagen negativa de Dios proporcionó demasiado juicio y miedo y no suficiente amor y compasión. Mientras que otros hablaban del amor de Dios, nosotros a menudo sentíamos el rechazo y el juicio de Dios.

¿Y si Dios te ha hecho a su imagen? ¿Qué pasa si Dios te ama a pesar de tus sentimientos de indignidad? ¿Y si Dios ha elegido usar humanos imperfectos para hacer su trabajo en el mundo? ¿Y si en este mismo momento Dios está buscando tu cooperación con su intención para tu vida?

¿Y si pudieras imaginar un Dios así?

Espero que busques valientemente debajo de tus miedos y recelos y que examines cuidadosamente las causas profundas de tu resistencia al trabajo de Dios en ti. Tengan cuidado de no dar respuestas superficiales a asuntos de importancia eterna.

Meditación de una persona

He relatado las primeras luchas que Jay soportó mientras escuchaba el llamado de Dios. Creo que la siguiente meditación que escribió cinco años después (y que amablemente aceptó dejarme usar aquí) revela mucho sobre la resolución de esas batallas internas y externas. La meditación nos señala a todos nosotros la fuente de curación de nuestras luchas internas.

El anfitrión

En la oración, Dios es el anfitrión y nosotros somos los invitados. Como un anfitrión, Dios busca animar y facilitar la conversación. Pero como niños rebeldes, a menudo somos descarados, ruidosos e insensibles a la amable hospitalidad del anfitrión.

Si nuestra vida de oración se siente como si estuviéramos hablando con una pared de ladrillo, quizás es porque el anfitrión está esperando pacientemente y con gracia que dejemos de hablar—esperando toda una vida si es necesario. Cuando las ideas nos son extrañas, cuando el proceso es aburrido o sin sentido, cuando la sentada silenciosa es una pérdida de tiempo, entonces empezamos a darnos cuenta de lo desafinados que estamos con la mente de Dios.

«Inclinad vuestro oído y venid a mí, escuchad y vivirá vuestra alma» (Isaías 55:3).

«Estad quietos, y sabed que yo soy Dios» (Sal. 46:10).

Dios habla el lenguaje del silencio. Para escuchar, debemos llegar a la quietud y el silencio—los valores de vida que apagan el clamor y la prisa del estruendo diario. Debemos escuchar con los oídos del corazón y desarrollar una sensibilidad a las respiraciones divinas.

«Yo te haré saber y te enseñaré el camino en que debes andar;
te aconsejaré con mis ojos puestos en ti» (Sal. 32:8).

La oración es un proceso, un viaje de crecimiento y cambio. Nuestro entrenador y mentor en este viaje es Jesús, a través del cual llegamos al Padre. Es Jesús quien nos moldea, nos enseña a los niños de la calle buenos modales en la mesa, ora en nosotros, y nos lleva amorosamente al Padre (que es el amor). En esto Él es mi salvador.

¿A dónde lleva esto? A la paz interior y a la certeza, más allá de la razón y del análisis. Es un misterio. Nos ponemos la armadura de Dios para resistir el consumismo, la competencia y la enfermedad de la prisa de nuestra cultura, para purgar los ídolos, incluyendo los ídolos de la seguridad. Mientras practicamos la presencia en las actividades diarias, vivimos en dos mundos—tiempo y eternidad. Encontramos la dulzura en la fuerza, y la fuerza en la dulzura.

«Muchos son los dolores del impío, pero al que confía en el Señor, la misericordia lo rodeará» (Sal. 32:10).

¿A dónde lleva esto? A confiar y rendirse, lo que es como caer de un acantilado y colgarse cojeando en los brazos de Jesús; confiando en que Dios me ama, confiando en que Dios es Dios. Se trata de renunciar al control. Confiamos lo suficiente como para seguir los movimientos del Espíritu como se nos indica en las actividades diarias. Así somos un canal a través del cual el Espíritu fluye, usándonos como sus manos y pies en el mundo: el instrumento de su voluntad. Confiamos para ir a donde no sabemos, y nunca será lo mismo—Él en mí, y yo en Él.

¿A dónde nos lleva esto? A una oración incesante mientras hacemos justicia, curando el dolor y la ruptura, extendiendo la hospitalidad, siendo misericordioso, construyendo comunidad, imitando a Jesús, y todo mientras nos enamoramos de Dios. Actuar mientras se ora, orar mientras se actúa.

«Bienaventurados los de limpio corazón, pues ellos verán a Dios» (Mt. 5:8).

¿A dónde nos lleva Jesús? A una relación íntima, unión y comunión con el Padre, en una oración incesante. Como nuestro anfitrión, Jesús ora en nosotros, y el Espíritu escucha nuestros suspiros que son demasiado profundos para las palabras, mientras descansamos en una adoración silenciosa de la Santidad. La oración se convierte en vida, y la vida se convierte en oración.

Con los oídos del corazón, siento que el amor dice: «Descansa, hijo mío, descansa». Me tumbo en silencio en el regazo de Dios, entre sus brazos como un niño destetado en una ternura aceptada. Mi corazón inquieto está en casa por fin. «Ahora es suficiente para ti sólo ser. Más tarde caminaremos por el fresco del jardín».

Amén.

Ejercicios en discernimiento

1. Tal vez hayas decidido aceptar el llamado de Dios. Si aún no has tomado esa decisión, intenta identificar tu resistencia al llamado. ¿Cuál de los siguientes puntos parece aplicarse a ti?
   - Sentirse demasiado ocupado
   - Sentirse indigno
   - Sentirse inadecuado
   - Tener un conflicto con su cónyuge o pareja
   - (Otro)

   Escribe un breve párrafo que describa tu lucha.

2. Mira más profundamente en tu lucha respondiendo a las siguientes preguntas por escrito:
   a. ¿Cómo entran en conflicto tus valores y prioridades personales con tu sentido del llamado?
   b. ¿Qué consecuencias negativas imaginas si respondes al llamado de Dios?
   c. ¿Una imagen negativa de tú mismo obstaculiza tu respuesta a Dios? Si lo hace, ¿cómo puedes cambiarlo?
   d. ¿Crees que Dios puede proveer todo lo que necesitas para cumplir con tu llamado? Redacta una oración pidiendo lo que sientes que necesitas en este momento.

CAPÍTULO SEIS

La conexión con la gente: Reflexiones de otros

¿A dónde acude una persona para pedir ayuda en el discernimiento? La mayoría de los individuos acuden a otras personas. El místico del siglo XVI Ignacio de Loyola confesó que en el momento de su conversión no tenía a nadie que le ayudara. Porque no tenía a nadie más que le instruyera, el Señor mismo le enseñó como un maestro de escuela enseña a un niño pequeño. Durante ese breve período de instrucción divina, Ignacio afirma que aprendió más que en todos los años restantes de su vida. Pero pocos de nosotros recibimos una guía tan directa del Señor. Tal vez no nos tomamos el tiempo para ello; tal vez no somos tan perspicaces como Ignacio. Pero podemos buscar amigos y otras personas que respetamos para encontrar la ayuda que necesitamos. Este es el siguiente paso en el discernimiento del llamado.

Hasta ahora en nuestra búsqueda de un claro discernimiento de un llamado, hemos examinado la anatomía de un llamado, el contenido de nuestra memoria, los signos de la presencia de Dios en nuestras vidas, y la lucha interior que la llamada a menudo produce. No importa cuál sea el llamado, todos los discípulos serios buscan claridad y confirmación antes de tomar una decisión. Ambas palabras son claves aquí: *claridad* sobre la dirección del llamado, y *confirmación* en nuestros corazones de que hemos escuchado correctamente.

El llamado puede haberse originado dentro de nosotros como un anhelo o un deseo de hacer una cosa en particular, o puede haber venido de fuera, una dirección que se sentía casi como una demanda. Además del tipo de llamado que parece involucrarnos tan íntimamente, también puede haber llamados de otros para ayudar en un tipo particular de ministerio. Sólo en retrospectiva reconocemos la voz de Dios en la voz humana que extendió la invitación. Algunos de nosotros puede que incluso hayamos estado comprometidos con un ministerio durante mucho tiempo sin haber reconocido que estábamos respondiendo al llamado de Dios. Supongo que, desde una perspectiva utilitaria, el asunto del llamado personal no importa mientras se cumpla la misión. Pero yo diría que ser claro sobre tu vocación como respuesta a Dios añade una dimensión de intencionalidad que te enfoca tanto a ti como a tu vocación en Dios. En la nueva iglesia del siglo XXI, la claridad sobre la presencia y la intención de Dios tendrá una prioridad mucho mayor que en la iglesia cultural del siglo que acaba de pasar. Lo que estoy sugiriendo es que la actual iglesia cultural evolucionará en una nueva y más dirigida por Cristo a medida que se desarrolle el nuevo siglo.

En nuestros intentos de aclarar el llamado de Dios, abundan numerosos recursos. Si queremos saber más sobre una situación particular, tanto la biblioteca como Internet nos ofrecen oportunidades de lectura e investigación extensas que ampliarán nuestra comprensión del contexto y la importancia de nuestro llamado. Un mayor conocimiento nos ofrecerá una visión de la tarea, con todos sus riesgos y posibilidades. Muchas de las personas con las que he hablado me han dicho que estos recursos los han dirigido a numerosas fuentes para informarles mejor sobre su llamado.

Las Escrituras son también un recurso primario para discernir nuestro llamado. Ya les he dicho cómo el estudio de la Biblia fue central en la búsqueda de Daniel para la claridad de su llamado. Trabajando sobre el texto durante largas horas cada noche hasta que había hecho su camino a través de toda la Biblia confirmó la obra de Dios en su vida. Ciertamente la Escritura nos ofrece a todos, un rico recurso de ejemplos, normas y direcciones para discernir nuestro llamado.

Otra forma de discernimiento puede ser más práctica y adecuada para aquellos individuos que quieren pensar racionalmente sobre su llamado. Elizabeth Liebert, una amiga mía que enseña formación espiritual en el San Francisco Theological Seminary, recomienda un enfoque realista del discernimiento. Sugiere que se tomen los siguientes pasos:

1. Formar una pregunta clara para el discernimiento. Es importante ser lo más claro y específico posible.

2. Orar con la mirada puesta en Dios y no en las cosas pasajeras de la tierra. Pídele a los demás que oren por ti. Ora hasta que desees la voluntad de Dios más que la tuya propia.

3. Reúne la información apropiada sobre tu asunto. Recopilar información de la biblioteca o de Internet requiere habilidades prácticas. ¿Qué temas se plantean en torno al tema específico que estás considerando? ¿A quién afecta y cómo? ¿Qué dicen las Escrituras sobre su asunto? ¿Qué dice la comunidad cristiana, pasada y presente, cercana y lejana? ¿Qué has aprendido en tu vida que aborda este tema? ¿Qué dicen otras personas y la cultura que te rodea?

4. Enumere los pros y los contras de su problema y ore a través de ellos. Aquí el proceso de discernimiento va más allá de las formas estándar de análisis de datos. Al llevar estos temas ante Dios en la oración, presta atención a cómo te sientes acerca de cada uno de ellos—intranquilo, enojado, lleno de disgusto, apático, temeroso, feliz o en paz.

5. Toma la decisión que te parezca mejor. A menudo, en esta etapa de discernimiento, la elección se ha vuelto obvia. Si no es así, ten el valor de tomar la decisión que tenga más evidencia, tanto interna como externa, a su favor.

6. Lleva tu decisión a Dios en la oración. Esta vez, ora desde la perspectiva de haber tomado la decisión. Esta forma de oración te permite «vivir» en la decisión y descubrir cómo encaja en tu vida en Cristo.

7. Vive con tu decisión durante varios días o semanas antes de actuar en ella. Vivir en la decisión te da espacio para ver cómo te sientes realmente con ella. ¿Aceptas la decisión, o te hace sentir incómodo? El malestar es una señal para que reconsideres tu decisión.

8. Busca la paz interior y la libertad. La paz de Dios es una señal de confirmación para ti. La paz es uno de los dialectos importantes en el lenguaje de Dios. Ignacio de Loyola enfatizó la paz como una señal de la presencia y la afirmación de Dios. Con esto quiero decir que cuando hemos tomado una decisión provisional y ponemos nuestra elección ante el Señor, una continua sensación de paz se convierte en la seguridad de nuestra decisión.

9. Sigue tu llamado paso a paso. No esperes ver el final desde el principio. Aprende los caminos de Dios y la ayuda de Dios a medida que avanzas. Mantén el sentido del humor y la confianza. Cuando tu sentido del humor está fallando, confía. Cuando tu confianza se tambalee, recurre a tu sentido del humor.

El enfoque del profesor Liebert es práctico, pero no es una forma mecánica de discernimiento. Nos ofrece principios, no pasos de madera. Puedes moverte a través de los pasos en una secuencia diferente a la que ves aquí. Por ejemplo, puedes recibir tu respuesta antes de llegar a los pasos finales. Es importante recordar que hay que estar en sintonía con Dios durante todo el proceso de discernimiento. Continúa en tu propio viaje, y confía en el Espíritu para que te guíe.

También puedes realizar un experimento «como si» para tener una idea de las consecuencias de una decisión. «Como si» sugiere que tomes una decisión tentativa y vivas con ella durante unos días o unas semanas como si fuera la dirección de tu vida. La claridad a menudo viene por vivir en la decisión. Sugiero que busques tanto la claridad como la paz como las marcas de confirmación del Espíritu. También puedes considerar la confusión, la incertidumbre y la ansiedad como señales de que la dirección es incorrecta para ti o que debes esperar un poco más antes de tomar la decisión.

El discernimiento de otros

Todas estas posibles aproximaciones al discernimiento pueden ser de gran ayuda para el buscador de la voluntad de Dios, y les recomiendo cada una de ellas. Pero en este capítulo he elegido centrar la atención principal en el discernimiento a través de otras personas, porque la mayoría de nosotros, de hecho, somos ayudados por otros. Cuando le pregunté a mi compañero de golf cómo surgió su llamado al ministerio con los desamparados, dijo: «Me llegó a través de otra persona, que es como siempre me pasa a mí». Aunque esta no es la única manera de escuchar la voz de Dios, es quizás la más significativa para muchos de nosotros. Así que quiero ver contigo el papel que otros juegan en tu proceso de discernimiento.

He llamado a este capítulo «La conexión con la gente» porque creo que otras personas reflejan sus percepciones de nuestro llamado, y en sus percepciones a menudo escuchamos la Voz de Dios. El mismo acto de declarar nuestro sentido del llamado a otra persona nos lo aclara. Escuchar la retroalimentación de los demás también mejora nuestra comprensión. Hago hincapié en la «conexión con la gente» porque acudir a los demás es lo más natural, y a menudo también lo más fructífero.

Cuando estás luchando con un llamado, o incluso cuando has llegado a la claridad sobre un llamado, creo que sería beneficioso para ti reunirte con tus amigos de confianza de forma individual y compartir tu percepción del llamado con ellos. Además de estas conversaciones individuales, también puede ser útil hablar con un pequeño grupo de personas espiritualmente sensibles, invitándoles a orar contigo sobre el discernimiento. Los cuáqueros han desarrollado una forma especial de usar la conexión con la gente que ha sido útil para muchos de nosotros. Lo llaman «comité de claridad». En esta situación, un grupo sigue unas pautas claramente definidas para ayudar a un individuo a «aclararse» en el llamado de Dios. Finalmente, la iglesia en sí misma debería ser parte de la conexión con la gente. Aquellos que tienen autoridad sobre nosotros en la iglesia también deberían confirmar nuestro llamado después de que lo hayamos recibido y aclarado conectando con amigos, un pequeño grupo, o un comité de claridad. Si somos llamados a un ministerio dentro de la iglesia o expresivos de la iglesia, este requisito no necesita elaboración. Incluso cuando nuestro llamado nos lleva más allá de la iglesia, sin embargo, haríamos bien en obtener la afirmación de la iglesia antes de lanzarnos a ella.

Desafortunadamente, no todos los creyentes bautizados o incluso los ministros saben cómo recibir a una persona que está luchando con un llamado. Un amigo mío da un triste ejemplo. Cuando tuvo un sentido del llamado, fue a su ministro y compartió su percepción del mismo. Mientras me describía la visita, dijo: «El ministro me miró como si tuviera cinco cabezas, me despidió, y eso fue todo». Asegúrate de que la persona que elijas para hablar tenga un profundo conocimiento del amor de Dios y de la forma divina de trabajar.

Reflexiones de un amigo

Nada es más natural o más seguro que hablar con un amigo sobre las cosas profundas del corazón. Hemos visto cómo María, la madre de Jesús, luchó con las palabras del ángel hasta que le quedaron claras. Una vez que se aclararon, se entregó al servicio del Señor, y le dijo lo mismo al ángel. Pero poco después de la partida del ángel, María corrió a las colinas para hablar con su prima Isabel.

Cuando conoció a Elizabeth, le contó todo—sobre la visita del ángel, sobre su aceptación del llamado, y sobre la concepción milagrosa. ¿Por qué se apresuró a ver a Isabel? ¿Por qué estaba tan ansiosa por contárselo a alguien? Creo que María buscaba una mayor clarificación de su llamado y la aceptación y afirmación de alguien que la amaba. Isabel le dio ambas cosas cuando dijo: «Bendita tú entre las mujeres y bendito es el fruto de tu vientre». Al igual que María, también necesitamos a alguien que afirme nuestra buena noticia y la celebre con nosotros.

Cuando abrimos nuestros corazones y compartimos nuestras luchas con un amigo, también buscamos una aclaración. Pero recibir la palabra aclaratoria de un amigo no siempre es fácil.

Una vez un amigo vino a mí con una gran pregunta. «¿Qué opinas de mi candidatura a Moderador de la Iglesia?» preguntó.

«Bueno», le dije, «¿sabrías manejarlo si no ganas?»

«Sí, creo que sí. Pero seguro que espero ganar».

Creo que mi pregunta fue dura e inesperada. Mi amigo no había considerado perder—y no quería perder. De hecho, algunos individuos se toman la pérdida muy a pecho. He visto a más de una persona destrozada porque interpretaron una pérdida como un indicador de su valor para Dios y para ellos mismos. Sabía que mi amigo encontraría difícil perder, de ahí mi pregunta. Las preguntas difíciles ayudan a nuestro proceso de discernimiento.

Otra buena amiga también vino a visitarme cuando buscaba discernimiento. Se había graduado en el seminario y sirvió en dos congregaciones diferentes durante unos ocho años. En los últimos meses había estudiado dirección espiritual de grupo, una oferta del programa de certificación en Columbia.

Explicó que había renunciado a ser pastora de su iglesia. Había decidido dejarlo porque su visión de la iglesia no coincidía con la de la congregación.

«Ahora», dijo, «tengo que discernir lo que voy a hacer».

«¿Cuáles crees que son tus dones?» Le pregunté.

«Soy una empresaria», respondió. «Soy ecuménica, y me gustaría permanecer en la ciudad donde vivimos por mis conexiones con la gente de allí. Tengo un puesto en el Consejo de la Fundación Presbiteriana, y eso es importante para mí». Continuó diciéndome que le gustaba la adoración creativa y que tenía la visión de formar a laicos como líderes servidores.

Escuché su elaboración de una visión para el ministerio laico. Luego le pregunté si alguna vez había pensado en formar una iglesia en casa, con lo que me refería a reunir un pequeño grupo de personas (de una docena a veinte) en un hogar para la adoración y la oración y el ministerio.

«Sí, he pensado en ello».

«Entonces, ¿por qué no hacerlo?» Pregunté.

Fue muy honesta en su respuesta. Me dijo que estaba ansiosa por la posibilidad de que miembros de su antigua congregación se unieran a la iglesia en casa, y también se preguntó si el cuerpo gobernante lo permitiría.

Mientras continuábamos nuestra conversación, me pareció que Dios le hablaba a través de mis preguntas y a mí a través de sus respuestas. En un intercambio de persona a persona, Dios nos habla a nosotros y a través de nosotros. Esta mutualidad caracteriza la interacción de las personas que están discerniendo el discurso de Dios.

Espero que estos dos ejemplos te den una imagen de la conversación natural y honesta que los amigos pueden tener cuando están discerniendo juntos. Pero puede que aún te preguntes exactamente qué debería discutirse en una conversación de discernimiento con un amigo.

Cuando te reúnas con un amigo para hablar sobre tu sentido del llamado, comienza por decirle a esta persona por qué estás hablando con él o ella en este momento en particular. Hazle saber a tu amigo que esta conversación no es un asunto casual para ti. Asegúrate de explicarle cómo te llegó el sentido del llamado y cuáles son tus dificultades. Escucha atentamente las respuestas de su amigo y presta mucha atención a las preguntas que te haga. Explora estas preguntas y confiesa honestamente tanto tus luchas como tus miedos. Cuando termines la conversación, pídele a tu amigo que ore por ti (si te sientes lo suficientemente cómodo para hacer esa petición).

Reflexiones de un grupo

La dependencia del consenso y la respuesta del grupo en el proceso de discernimiento ha sido durante mucho tiempo parte de la tradición cristiana. Este enfoque de discernimiento se remonta a los primeros días de la iglesia, cuando buscaba un sucesor de Judas, eligiendo diáconos y descubriendo excitantes modos de adoración. El enfoque tiene profundas raíces en la visión de San Pablo de la iglesia como el Cuerpo de Cristo. De acuerdo con su visión, todos somos bautizados en un cuerpo y somos miembros de otro con dones para compartir con los demás. El compartir construye el Cuerpo de Cristo y contribuye a nuestro bien común. (Vea 1 Corintios 12:4-7, 12-13, 27).

Después de la ascensión de Jesús, Pedro declaró a los otros apóstoles que alguien tenía que ser elegido como testigo de la resurrección de Jesús. El sucesor de Judas tenía que ser alguien que comenzara con ellos en el momento del bautismo de Juan y continuara con ellos hasta que Jesús ascendiera. Dos personas que tenían estas calificaciones fueron nominadas del grupo. En ese momento la Escritura dice: «Echaron suertes y la suerte cayó sobre Matías, y fue contado con los once apóstoles» (Hechos 1:26). Aparentemente el método de «echar suertes» no logró un discernimiento preciso, porque más tarde Pablo afirmó que fue hecho apóstol por Jesucristo, convirtiéndose así en uno de los doce (Gál. 1:1). Este incidente sugiere que la Iglesia primitiva entendía y utilizaba el principio de grupo, pero también indica que no todas las decisiones tomadas eran perfectas.

En otro caso, el trabajo de los apóstoles se volvió tan exigente que no pudieron atender todos los detalles involucrados. Los griegos se quejaron de que sus viudas no recibían el mismo trato que las viudas de los hebreos. En medio de esta controversia, los apóstoles convocaron a la comunidad creyente y dijeron: «No es conveniente que nosotros descuidemos la palabra de Dios para servir mesas» (Hechos 6:2). Pidieron a la comunidad que seleccionara a personas dignas para la tarea de dar comida y ayuda a los necesitados. La sugerencia complació a la comunidad, y siete personas fueron elegidas y ordenadas. (Véase Hechos 6:1-6.)

En la correspondencia de Corinto, Pablo nos da un breve vistazo a la participación del grupo en la vida de culto de una congregación. Dice, «Cuando os reunís, cada cual aporte salmo, enseñanza, revelación, lenguas o interpretación. Que todo se haga para edificación» (1 Co. 14:26b). Aunque este texto se centra en la adoración y no menciona específicamente el discernimiento, sin embargo, ilustra el «principio del cuerpo». Cada persona en un grupo trae un regalo que es valioso para la construcción de otros miembros.

¿Por qué un grupo pequeño es un buen lugar para recibir la reflexión de la comunidad? Porque el grupo está unido en Cristo. Porque han sido bautizados en su cuerpo y se han hecho miembros unos de otros. Porque sienten el dolor de cada uno y comparten las penas de cada uno. ¿Dónde en la tierra podrías encontrar un mejor lugar para buscar el discernimiento?

Además de estar cimentados en Cristo, cada miembro del grupo trae un regalo especial—ya sea el regalo de la fe, del apoyo, del discernimiento o de la administración. Como las personas dotadas en el culto, estos individuos dotados saben las preguntas correctas que hacer, y tienen ideas para compartir.

El pequeño grupo también proporciona un escenario en el que se produce un intercambio creativo. La palabra de una persona despierta la perspicacia de otra. Ese individuo comparte su perspicacia, y así es. A medida que el Espíritu trabaja en todos los miembros del grupo, recibe mayor claridad.

El pequeño grupo no sólo ayuda a discernir el don y el llamado en un compañero, sino que también ofrece apoyo al ministerio. En este sentido, el grupo proporciona un mejor escenario para el discernimiento que un encuentro individual porque a menudo el grupo no sólo discierne, sino que también ayuda a emprender la tarea.

En una reciente celebración de cumpleaños, estaba hablando con el yerno del homenajeado. Este joven médico comenzó a contarme sobre su semana de 60 horas de trabajo y cómo le quitó toda la energía. En medio de nuestra conversación empezó a hablar de las nueve personas—incluyendo a su madre, su suegro y yo—que habían compartido cumpleaños entre sí durante más de veinte años. Esto significaba nueve comidas juntos cada año, y tiempo extra para pasar juntos los días de nieve, vacaciones, y a veces sólo días normales. El yerno comentó, «Se aman, están ahí para el otro, pueden llamarse para cualquier cosa—y esto ha estado sucediendo por 20 años».

Entonces empezó a decir, «Esto es lo que...»

«...la iglesia debería ser». Terminé su frase.

Los miembros de nuestro grupo, que originalmente comenzaron a reunirse para compartir las celebraciones de cumpleaños, se han convertido en una familia, un grupo de gente creyente casi como una iglesia. Tal vez por eso uno de nuestros miembros se sintió libre de compartir una profunda lucha en su familia. Y tal vez preocuparse por ella, estar ahí para ella, y amarla le proporcionó el contexto en el que podía buscar la dirección de un grupo de confianza.

Reflexiones de la iglesia

La iglesia como comunidad reunida siempre ha servido como recurso para el discernimiento. Como el pequeño grupo, la asamblea más grande ofrece el beneficio de todos los dones del pueblo de Dios, pero la iglesia también posee la autoridad administrativa de Dios. Este cuerpo ofrece discernimiento en muchos niveles, desde asuntos de importancia local a asuntos de importancia internacional.

Ya hemos visto cómo los apóstoles reunieron a la iglesia para discernir un asunto de misiones locales. Entonces la iglesia, en un discernimiento corporativo de misión, llamó a siete miembros para ser diáconos que proveerían comida y asistencia a las viudas griegas. Estos siete fueron ordenados y autorizados por la iglesia para esta tarea.

En los primeros días de la iglesia, otro incidente llamó al discernimiento en relación con un asunto más grande y significativo. Pablo y Bernabé habían completado el primer viaje misionero, proclamando el mensaje no solo a los judíos sino también a los gentiles. Después de que muchos gentiles se convirtieron a la fe, los maestros de Jerusalén exigieron que se circuncidaran para cumplir la ley de Moisés. Esta exigencia contradecía rotundamente el mensaje que Pablo y Bernabé habían proclamado. El asunto no podía ser resuelto localmente, así que un consejo de toda la iglesia fue llamado para escuchar el caso en Jerusalén.

Después de escuchar el testimonio de ambos lados del asunto, la iglesia escuchó a Dios para hablar. Después de que consideraran en oración los asuntos que estaban en juego, a Santiago se le dio una palabra de sabiduría que afirmaba el ministerio de Pablo y Bernabé y la libertad de los gentiles de la ley de Moisés.

Cuando el concilio terminó, la iglesia envió una carta a los cristianos gentiles declarando el resultado de su discernimiento corporativo:

> Los apóstoles, y los hermanos que son ancianos, a los hermanos en Antioquía, Siria y Cilicia que son de los gentiles, saludos. Puesto que hemos oído que algunos de entre nosotros, a quienes no autorizamos, os han inquietado con sus palabras, perturbando vuestras almas, nos pareció bien, habiendo llegado a un común acuerdo, escoger algunos hombres para enviarlos a vosotros con nuestros amados Bernabé y Pablo, hombres que han arriesgado su vida por el nombre de nuestro Señor Jesucristo. Por tanto, hemos enviado a Judas y a Silas, quienes también os informarán las mismas cosas verbalmente. Porque pareció bien al Espíritu Santo y a nosotros no imponeros mayor carga que estas cosas esenciales: que os abstengáis de cosas sacrificadas a los ídolos, de sangre, de lo estrangulado y de fornicación. Si os guardáis de tales cosas, bien haréis. Pasadlo bien. (Hechos 15:23-29)

Cuando las congregaciones gentiles escucharon esta palabra, se regocijaron. Aunque esta directiva suena extraña en un contexto moderno, es importante recordar que el fallo del consejo liberó a estos primeros cristianos de la ley ceremonial judía y los enfocó en Cristo.

La decisión del concilio de Jerusalén no sólo afectó a estos nuevos cristianos, sino que también legitimó el llamado de Pablo. En el momento de su conversión, el Espíritu testificó a Ananías que Pablo llevaría el mensaje de Cristo a los gentiles. Al final de su primer viaje misionero, el concilio de la iglesia reunido en Jerusalén confirmó su ministerio.

Esta asamblea original en Jerusalén prefiguró una larga sucesión de concilios de la iglesia en los que se resolvieron importantes cuestiones doctrinales y éticas. Este primer consejo también modeló el papel de las reuniones denominacionales y los órganos de gobierno de la iglesia local que deben tomar decisiones críticas para la iglesia de hoy. Por ejemplo, si una persona se siente llamada a ser misionera en Jamaica o Haití, debe recibir la aprobación de la agencia misionera de la iglesia.

Cuando estaba en la universidad, uno de mis compañeros mayores decidió que Dios lo había llamado a servir como misionero en Corea. Dio testimonio de su llamado, recaudó fondos y compró suministros para su estadía. Pero después de navegar hasta Corea, las autoridades no le permitieron desembarcar. Su única opción era volver a casa y confesar su fracaso. Decisiones independientes como ésta—por muy bien intencionadas que sean—amenazan la integridad de la iglesia y frustran el plan de Dios.

La historia de Laura proporciona un ejemplo contrastado. A pesar de que había sido criada en la iglesia, se apartó de ella como una joven adulta. Dedicó la mayor parte de su tiempo a desarrollar su juego de golf, y ganó varios torneos de aficionados. Pero a lo largo del camino cometió errores que crearon una abundancia de dudas. Después de varios años de lucha, decidió buscar la ayuda de Dios.

Dios entró en su vida con perdón y aceptación, y la llamó a ser una evangelista. Hoy en día, Laura irradia el amor de Dios. Nunca he conocido a alguien que manifieste los dones de un evangelista como ella. Su estilo es imaginativo, su enfoque es gentil, y los resultados de su testimonio son bastante sorprendentes.

Es audaz e imaginativa en la forma en que llega a los demás. Después de ver el anuncio «¿Tienes Leche?» hizo imprimir un gran cartel para la camioneta que conducía que decía «¿Tienes a Dios?» A pesar de que tenía un negocio con su marido, no estaba demasiado ocupada para hablar con una madre soltera que trabajaba en el negocio y ayudarla con Cristo.

A continuación, Laura tuvo la idea de regalar agua embotellada a los caminantes que se ejercitaban diariamente en una pista popular de su zona. Compró el agua, y luego hizo imprimir envoltorios para las botellas que ofrecían el «Agua de Vida» en su iglesia. Pensó que era un buen modo de llegar a la gente. Pero nadie en la iglesia le había dado permiso para anunciar la iglesia de esta manera. Como esta era una congregación consciente de clase, algunos de sus miembros pensaron que este enfoque era un poco de baja clase.

Sin inmutarse, Laura le pidió al cuerpo de gobierno de la iglesia que la dirigiera. Le pidieron que quitara el nombre de la iglesia de la etiqueta. Ella hizo lo que le pidieron, pero aun así continuó su ministerio de dar agua a docenas de caminantes en la pista.

Si la respuesta de algunos de los miembros fue correcta es un tema de debate. Lo que no se puede debatir es el llamado de Laura como evangelista y su sumisión voluntaria a la autoridad de la iglesia. Su autenticidad es subrayada no sólo por su éxito en su trabajo sino también por su voluntad de ceder a la autoridad.

Es sabio que todos busquemos autoridad y legitimidad para nuestro llamado a través de la gran reunión de la iglesia. Estoy seguro de que hay algunos individuos que han sido llamados por Dios y enviados por él sin la afirmación de una congregación. Y su trabajo por el reino puede ser muy efectivo. En la mayoría de los casos, sin embargo, es mejor tener el respaldo del Cuerpo de Cristo para nuestros esfuerzos en el ministerio.

Reflexiones de un grupo internacional

Los que buscamos el discernimiento de un llamado tenemos una deuda de gratitud con los cuáqueros por desarrollar el comité de claridad como una forma de obtener el discernimiento. Nunca había escuchado el término hasta hace unos diez años, cuando un amigo mío necesitaba una nueva dirección en su vida. Mi trabajo me había mantenido en contacto con Hal durante más de veinticinco años. Había dirigido un ministerio laico sin fines de lucro en Chicago durante la mayoría de esos años, y había llegado el momento de pasar de esa etapa de su vida a la siguiente. Hal se enfrentó a la pregunta que muchos de nosotros hemos enfrentado: «¿Qué me está llamando Dios a hacer ahora?»

Cuando visité a Hal en uno de mis viajes a Chicago, le pregunté cómo iba a determinar su nueva dirección. Me dijo: «He seleccionado un comité de claridad, y se reunirán conmigo el domingo por la noche». Era la primera vez que oía hablar de un grupo así—pero Hal no me dio muchos detalles sobre qué era exactamente o cómo funcionaba.

Pasaron varios años sin que la noción de un comité de claridad cruzara por mi mente. Entonces fui invitado a participar en una conferencia en el Centro Fetzer en Kalamazoo, Michigan. Los líderes de la conferencia planeaban introducir a los participantes en la idea de usar un comité de claridad como una forma de discernimiento. Y no sólo aprenderíamos sobre lo que era un comité de claridad, sino que también lo experimentaríamos.

El objetivo y el proceso de la experiencia estaban claramente definidos para nosotros. Se eligieron cuatro personas que asistieron a la conferencia para buscar orientación de los comités de claridad; luego se formaron cuatro comités de claridad con los participantes restantes, con cinco o seis personas en cada comité. (Yo formaba parte de uno.) A cada «buscador» se le pidió primero que escribiera un documento de dos o tres páginas describiendo el tema sobre el que necesitaba discernimiento. El documento incluía no sólo el tema específico, sino también suficientes antecedentes para ayudar a los miembros del comité a tener una idea clara de las circunstancias del individuo. Debido a las limitaciones de tiempo y el contexto de la conferencia, los comités no tuvieron la oportunidad de leer estos documentos antes de su reunión. Se nos informó de que cada reunión no duraría más de dos horas.

Cuando mi comité se reunió, éramos cinco, más el caballero que buscaba discernimiento. Nos dijeron que como miembros del comité sólo podíamos hacer preguntas. Las preguntas no podían ser preguntas de guía o preguntas que disfrazaran un consejo. Las preguntas puras y directas estaban a la orden del día. Como no habíamos tenido la oportunidad de leer la declaración del caballero, nos tomamos unos minutos al principio para que pudiera describir sus circunstancias y el asunto sobre el que necesitaba discernimiento.

Un miembro del comité había sido designado para iniciar el procedimiento, llamarnos al silencio, y corregirnos gentilmente cuando buscábamos un consejo en lugar de hacer una pregunta. Después de escuchar la presentación del asunto, sugirió que guardáramos silencio durante diez minutos. Después rompió el silencio con esta pregunta: «¿Qué pregunta te vino del silencio?» Un miembro del comité, tras otro, hizo una pregunta al caballero. Él podía responder a la pregunta o elegir no responderla si lo deseaba. Después de esta primera ronda de preguntas, el comité observó otro período de silencio, y luego hizo más preguntas. Este proceso continuó durante una hora y media. Luego el procedimiento se cerró, y el caballero nos agradeció a todos por nuestra ayuda.

Mi descripción de la experiencia del comité de claridad puede sonar muy ordinaria, pero puedo decirles que la experiencia fue cualquier cosa menos eso. Todos experimentamos la presencia del Espíritu de una manera extraordinaria. Yo experimenté el Espíritu de Dios trabajando entre la gente de nuestro grupo tan fuertemente como el Espíritu parecía estar trabajando en el hombre que estábamos cuestionando. Me sorprendió la frecuencia con la que un miembro del comité hizo una pregunta que también estaba en mi mente. La profundidad del interrogatorio se resiste a la descripción; lo que pasó no puede ser capturado en palabras. Con cada entrada en silencio y la ronda de preguntas que siguió, la relación se profundizó, y el comité se convirtió más en una comunidad. Fue sorprendente ver cómo cada pregunta parecía llevar al hombre más y más profundamente dentro de sí mismo.

No sé cómo sucedieron todas estas cosas en esa reunión, pero vi una reunión de extraños convertirse en una comunidad. Incluso en lo que parecía un proceso relativamente simple de hacer preguntas, la gente se entregó profundamente. Y las preguntas que hacíamos a menudo se convertían en preguntas sobre nuestras propias vidas y llamados. Así que les pido que no se dejen engañar por la aparente simplicidad de un comité de claridad.

Discernimiento personal: La palabra final

Aunque he insinuado y a veces descrito varias opciones para aclarar nuestro sentido del llamado, en este capítulo he centrado la atención en conversaciones individuales, sabiduría y discernimiento en pequeños grupos, discernimiento congregacional y discernimiento a través de un comité de claridad. Estas fuentes de ayuda exigen reuniones cara a cara. Y pueden ser inmensamente valiosas. Sin embargo, es importante reconocer que, aunque las reflexiones de otros pueden ser de enorme ayuda, la decisión final está en nuestras manos. En las profundas cámaras de nuestra alma donde nos encontramos con el Santo Dios, debemos tomar una decisión y responsabilizarnos de ella.

Las historias y escritos de Anthony de Mello me han inspirado muchas veces. Siempre parece tener una forma de simbolizar vívidamente un asunto y de ir directo al corazón del mismo. En dos breves párrafos afirma el otro lado de la conexión con la gente. Él da testimonio del hecho de que al final del día, cada uno de nosotros debe buscar nuestras respuestas en Dios y asumir la responsabilidad de las decisiones que tomamos.

De Mello le dice al Señor,

«Desafortunadamente, he tenido un exceso de personas a las que podía acudir en busca de orientación. Me acosaron con sus persistentes enseñanzas hasta que apenas pude escucharte a través del estruendo. Nunca se me ocurrió que podría obtener mi conocimiento de primera mano de ti, porque a veces me decían: "Somos todos los maestros que tendrás; el que nos escucha, lo escucha a él".

Pero me equivoco al culparlos o al lamentar su presencia en mi vida temprana. Soy yo quien tiene la culpa. Porque me faltó la firmeza para silenciarlos; el valor para averiguarlo por mí mismo; la paciencia para esperar el tiempo que te corresponde; y la confianza en que algún día, en algún lugar, romperías tu silencio y te revelarías ante mí».[5]

Que tengas la sabiduría de buscar la guía de otros, pero el valor de nunca aceptar ni siquiera su mejor guía como respuesta final. Presiona más allá de las palabras de los amigos, los comités y la iglesia para escuchar la palabra de Dios por ti mismo.

Ejercicios en discernimiento

Examinar tu resistencia al llamado de Dios te permite «desatascarte» y seguir adelante. En esta etapa de tu compromiso con el llamado, necesitas la aportación de otros para ayudarte a confirmar la conclusión a la que estás llegando. Intente los siguientes ejercicios:

1. Elije un amigo y discute con él o ella tu sentido del llamado y la lucha que estás teniendo. Después de tu conversación, escribe un breve resumen de la misma.
2. Selecciona tres o cuatro amigos y pídeles que se reúnan contigo. Al principio de la reunión, puedes sugerir que el grupo guarde silencio durante tres o cuatro minutos. Después del silencio, diles dónde estás en tu experiencia de llamado y pídeles que respondan. Escucha a Dios hablar a través de estos individuos. Escribe un resumen de lo que escuches del grupo.
3. Si aún no lo has hecho, habla con tu ministro sobre tu llamado.
4. Si tu ministro responde favorablemente a tu llamado, pídele que organice una reunión con el cuerpo de gobierno de la iglesia. Comparte con ellos tu sentido del llamado, y pídeles su guía. Escribe un resumen de su respuesta.
5. Toma una decisión provisional basada en tu actual claridad de llamada. Vive con esa decisión tentativa durante unos días o unas semanas.

---

[5] De Mello, *The Song of the Bird* (Garden City, N.Y.: Image Books, 1984), págs. 171–72.

CAPÍTULO SIETE

Discernimiento para actuar

El objetivo final del discernimiento no es la información o el conocimiento, sino la acción. Con demasiada frecuencia la gente sincera confunde la información sobre el llamado de Dios o el conocimiento de las formas de trabajo de Dios con la tarea de discernimiento. Si bien es cierto que tanto la información como el conocimiento juegan un papel esencial en el discernimiento, el objetivo final del discernimiento es la obediencia a Dios, haciendo que la intención de Dios se concrete en la historia. En muchos sentidos este punto parece demasiado obvio para elaborarlo, pero muchos discípulos serios se «atascan» en el proceso de discernimiento y nunca proceden a la acción.

Lo que yo llamo la «perversión de la bola de cristal» ilustra perfectamente el problema de la obediencia retardada. Al tratar de discernir la intención de Dios para nosotros, a menudo tenemos curiosidad por el resultado de nuestra obediencia. También queremos saber qué desafíos y problemas enfrentaremos en el camino de cumplir la intención de Dios para nosotros. Imaginamos que, si tuviéramos toda esta información, podríamos tomar una mejor decisión sobre seguir la guía de Dios. Este deseo de «preconocimiento» es lo que quiero decir con la perversión de la bola de cristal: queremos mirar dentro de la bola de cristal y ver el futuro para eliminar el riesgo. Pero esta alternativa también elimina la confianza. Dios no proporciona bolas de cristal a los discípulos curiosos.

El discernimiento lleva a la acción. En los cursos de formación espiritual, desarrollé una serie de ejercicios para los estudiantes que les ayudaron a experimentar la habilidad o principio que yo estaba enseñando. Pero en el discernimiento no hay sesiones de práctica. Participar en el discernimiento se relaciona contigo y con temas reales de tu vida; no hay lugar para juegos de rol. Jugar al discernimiento sería una farsa.

Una experiencia de la iglesia primitiva

Para explorar más a fondo esta naturaleza de «ir a la quiebra» del discernimiento, veamos una experiencia de adoración/discernimiento en la iglesia de Antioquía del primer siglo:

> En la iglesia que estaba en Antioquía había profetas y maestros: Bernabé, Simón llamado Niger, Lucio de Cirene, Manaén, que se había criado con Herodes el tetrarca, y Saulo. Mientras ministraban al Señor y ayunaban, el Espíritu Santo dijo: Apartadme a Bernabé y a Saulo para la obra a la que los he llamado. Entonces, después de ayunar, orar y haber impuesto las manos sobre ellos, los enviaron. Ellos, pues, enviados por el Espíritu Santo, descendieron a Seleucia y de allí se embarcaron para Chipre.
>
> Llegados a Salamina, proclamaban la palabra de Dios en las sinagogas de los judíos; y tenían también a Juan de ayudante. (Hechos 13:1-5)

Esta descripción de un servicio de adoración informal revela muchos detalles y eventos significativos, incluyendo el llamado de Pablo y Bernabé, el nacimiento del movimiento misionero de la iglesia, y la centralidad de la oración en la vida de las primeras congregaciones. Pero llamo su atención sobre un evento de notable importancia. En medio de la adoración, el Espíritu le habló al grupo: «Apartadme a Bernabé y a Saulo para la obra a la que los he llamado».

El Espíritu habló, pero el registro no explica cómo habló el Espíritu ni cómo los reunidos discernieron el llamado. Quizá Simeón o Lucio oyeron la voz del Espíritu y pronunciaron el llamado ante el grupo. O quizás Pablo o Bernabé escucharon el llamado y hablaron al grupo, buscando su concurrencia. Por otra parte, el Espíritu podría haber hablado de tal manera que todos los presentes escucharan la voz. Cualquier conjetura que hagamos, no conocemos los caminos del Espíritu ese día. Pero tenemos evidencia de que la pequeña comunidad sabía que habían sido dirigidos por Dios.

El discernimiento del Espíritu llevó a una acción inmediata: «Entonces, después de ayunar, orar y haber impuesto las manos sobre ellos, los enviaron». Cuando la comunidad escuchó la llamada del

Espíritu, obedecieron. El discernimiento llevó a la acción, a la acción inmediata. ¿Qué valor tiene el discernimiento si no nos lleva a una pronta obediencia?

Aquel día en Antioquía, ocurrió algo que excedió tanto la comprensión como las más salvajes expectativas de los discípulos. La respuesta de los discípulos al Espíritu dio origen al alcance misionero de esa congregación. De hecho, su discernimiento fue mucho más allá de esa congregación en particular: dio nacimiento al movimiento misionero de la iglesia cristiana, un impulso en la comunidad de fe que se extiende desde Antioquía a Atlanta, y también a su ciudad natal. De la manera más dramática imaginable, el discernimiento del Espíritu llevó a una acción específica y concreta. Y cualquier llamado discernimiento que no lleve a la acción es una farsa.

La nueva epistemología: Haciendo para conocer

La nueva epistemología invierte los actos de saber y hacer. La forma habitual de actuar requiere investigación, la acumulación de datos y una decisión que lleve a la acción. En este aspecto del discernimiento, descubrimos lo que podría llamarse la epistemología de Jesús: actuamos u obedecemos para saber. Este principio, como hemos visto, fue ilustrado en la iglesia de Antioquía. Ese pequeño grupo de discípulos no tenía forma de saber el resultado de su obediencia. Oraron por Bernabé y Saulo y los enviaron a la misión. Primero obedecieron, y luego lo supieron. Este principio encuentra mayor elaboración en uno de los encuentros de Jesús con los fariseos.

Al final de su ministerio, Jesús asistió a la Fiesta de las Cabañas, una celebración que conmemora los años en que los ancestros vivieron en tiendas de campaña mientras vagaban por el desierto. Debido a que Jesús al principio no hizo notar su presencia, muchos de los judíos se preguntaban dónde estaba. Y las multitudes hablaban de él, algunos decían que hablaba verdaderamente de Dios, mientras que otros afirmaban que engañaba a la gente. A mitad de la fiesta, Jesús subió al templo y comenzó a enseñar. Entonces los fariseos comenzaron a cuestionar su autoridad y autenticidad. En respuesta al antagonismo de los fariseos, Jesús dijo: «Si alguien quiere hacer su voluntad, sabrá si mi enseñanza es de Dios o si hablo de mí mismo» (Juan 7:17). Este es el nuevo principio, hacer para saber. Esta declaración hace que el hacer sea explícitamente el fundamento para saber. Hacemos la voluntad de Dios para conocer la voluntad de Dios.

Incluso cuando has utilizado todos los principios que hemos explorado en cuanto al discernimiento del Espíritu, falta una dimensión hasta que actúas. En ese espacio entre el entendimiento racional y el discernimiento completo está el acto de hacer. Es el acto de hacer lo que te permite comprometerte en hacer la voluntad de Dios real en el mundo. Y muchos que son «seguidores del camino» testifican que ven la mano de Dios en sus vidas mucho más claramente en retrospectiva que en perspectiva. Este discernimiento retrospectivo sugiere que antes de actuar no tenían la firme certeza de que su discernimiento era correcto, pero después de que obedecieron, fueron capaces de ver claramente la mano de Dios guiándolos y dirigiéndolos.

Todos los esfuerzos para escuchar el llamado de Dios, para escanear nuestros recuerdos en busca de pistas, para buscar signos de la presencia de Dios, para participar en las luchas con Dios y con nosotros mismos, y para escuchar las reflexiones de los demás—todos estos esfuerzos se desperdician a menos que actuemos. El discernimiento no es amontonar información sobre Dios, y no se trata principalmente de adquirir sabiduría espiritual; se trata de hacer la voluntad de Dios. ¡Al hacer llegamos a conocer!

Una historia sobre hacer

Conocí a Ronald mientras trabajaba en su iglesia. Como parte de mi trabajo, dedico varias horas a la semana a las citas con los miembros de la iglesia. En la mayoría de los casos hablé con ellos sobre la llamada que estaban experimentando y cómo podrían discernir la voz de Dios en ella. Un miércoles por la tarde, Ronald vino a conversar.

Cuando nos sentamos a hablar, noté una sensación de pesadez en él. Tenía energía y espíritu, pero había algo que le pesaba. Lo invité a que me hablara de sí mismo, y procedió a delinear su vida. Se había criado en la zona y había asistido a la escuela allí. Después de servir en la guerra de Vietnam, regresó a casa. Poco después tuvo la oportunidad de trabajar en California. Mientras trabajaba en la costa oeste, su vida dio un giro que lo llevó a una gran decepción y dolor, un dolor que aún persistía. Escuchar el trasfondo de su vida me permitió escuchar con más sensibilidad su actual sentido del llamado.

El llamado con el que luchaba se le había acercado de forma gradual, casi imperceptible. Había estado buscando una dirección para su vida, pero no había encontrado una respuesta inmediatamente. Como sucedió, su esposa sirvió al frente de un consejo sobre niños abusados. Ella le pidió a Ronald que enseñara un curso sobre la crianza de niños abusados que se centrara en las habilidades de escuchar y responder a mensajes claramente percibidos. Él desarrolló el curso y se volvió bastante bueno para enseñarlo. Numerosas personas le dijeron lo mucho que les ayudó no sólo en la relación con sus hijos sino también en la relación con sus cónyuges.

El curso que Ronald enseñó, combinado con el trabajo de su esposa con niños en riesgo, lo puso en contacto con tres escuelas alternativas en el área. Una de las escuelas estaba dedicada a niños con problemas mentales, otra a niños que tenían problemas con el tribunal, y la tercera era un hogar para delincuentes juveniles. Este último grupo estaba encarcelado y vivía con numerosas restricciones.

Cuando Ronald visitó estas escuelas, descubrió grupos de niños que parecían bastante normales. Parecía que podían ser de casi cualquier escuela. Pero lo que no aparecía en la superficie era el dolor y el abuso que empañaba sus antecedentes. Casi todos los niños habían sido abusados física, emocional o sexualmente. A menudo sus padres eran alcohólicos o drogadictos o ambos. Como resultado, estos niños habían experimentado un lado de la vida que ningún niño debería tener que soportar. Cuando Ronald hablaba con ellos, decían cosas como: «Ojalá tuviera alguien con quien hablar», «Me ha tocado una mala racha en la vida» y «¿Qué esperanza tengo para el futuro?»

Ronald escuchó estos gritos de ayuda, y cuando habló con los líderes de la escuela sobre la prestación de asistencia, los encontró más que deseosos de cooperar. Esto le dio a Ronald el coraje de hablar de una misión para estos niños primero con su pastor, y luego con el cuerpo de gobierno de su congregación. Solicitó la ayuda del pastor y el permiso del consejo de administración para crear un comité que buscara formas de responder a estos niños en riesgo. El permiso fue concedido.

En el momento en que Ronald y yo hablamos, el comité se había reunido durante unos seis meses. Habían hablado mucho y orado un poco, pero habían hecho poco progreso para poner en marcha el ministerio. Debido a una conversación previa con el pastor, ya sabía que Ronald estaba luchando con el llamado. Cuando obtuvo el permiso para formar el comité, pensó que una vez que presentara la idea, el comité organizaría el ministerio y lo lanzaría. Para su sorpresa, esto no sucedió, aunque la falta de iniciativa del comité era predecible. En muchas de las reuniones del comité Ronald trató de separarse del trabajo de organizar y administrar el ministerio sugiriendo que contrataran a un director. Nunca me quedó claro por qué Ronald quería este desapego—ya fuera porque se sentía inadecuado para la tarea, temía fracasar en ella, se sentía demasiado ocupado para emprenderla o se sentía indigno de ella. Cualesquiera que fueran las razones, tanto Ronald como el comité habían estado luchando durante seis meses para comenzar un ministerio que todos consideraban esencial.

El tema crítico del que Ronald quería hablar era la presentación que planeaba dar al órgano de gobierno de la iglesia en un retiro programado para dentro de dos semanas. Quería mi opinión. Le pedí que me dijera sus ideas, y después de escucharlas, le ofrecí algunas sugerencias que él sentía que mejorarían su presentación. Después de establecer una manera de involucrar a los otros líderes de la iglesia, me sentí obligado a decirle a Ronald que este ministerio era su visión y su llamado, y que no podía ser delegado a un comité o a un trabajador contratado. Para la gente muy ocupada con una mentalidad ejecutiva corporativa, la trampa de la delegación es muy fácil de caer. Pero es crítico recordar que la persona embarazada con la visión debe dar a luz a la visión. Si Dios te ha llamado a un ministerio, no puedes renunciar a él. Puedes compartirla, pero no puedes delegarla. Dios te llamó, y no puedes delegar el llamado a un suplente, a un segundo, o a un sustituto.

Ronald necesitaba más que una conferencia sobre cómo reclamar su visión y responder a su llamado. Necesitaba algo de ayuda para estructurar su presentación a los líderes. A continuación, he enumerado las sugerencias que le ofrecí porque, aunque se adaptan un poco a su situación, también son apropiadas para comenzar una variedad de ministerios en la iglesia:

Primero, ten claro tu enfoque. Quieres que los que te escuchan se unan a ti en la tutoría de estos niños en riesgo. No corrompas tu punto central confundiendo a tus oyentes con demasiados datos extraños. Mantengan la idea de la tutoría claramente ante ellos.

Segundo, atestigua tu llamado. Diles cómo te involucraste en esta necesidad, cómo crees que Dios te habló y por qué necesitas ayuda.

Tercero, invita a los líderes a reunirse en grupos de cinco o seis y discutir la necesidad y sus sentimientos sobre los niños. Al final de la discusión, invita a todo el grupo a callarse y a entrar en un periodo de silencio. Haz una pregunta: «¿Te está llamando Dios a participar en este ministerio?»

Cuarto, explica clara y sucintamente lo que deseas que hagan. La gente encuentra difícil responder a un llamado si no tienen una idea clara de lo que se espera de ellos.

Quinto, invita a la gente a firmar un compromiso que indique que sienten un llamado al ministerio o que están abiertos a explorar un llamado a este ministerio. Escribe una nota personal a cada persona que responda al desafío.

Sexto, empieza con algo pequeño. Forma un grupo a la vez, y trabaja con ellos hasta que se sientan claros en sus tareas y cómodos con su llamado.

Séptimo, después de un mes más o menos, convoca una reunión con aquellos que han estado involucrados en el ministerio para escuchar sus historias. ¡Esto es importante! Necesitan hablar de sus experiencias, necesitas oírlas, y otros en el grupo se beneficiarán de oírlas también.

Octavo, comienza a llamar al siguiente grupo del ministerio.

Ronald tomó estas sugerencias e hizo una excelente presentación a los funcionarios de la iglesia. Me senté en su presentación para ver lo bien que fue recibida, y después lo felicité por el buen trabajo que hizo.

Muchas más personas de las que esperaba firmaron con el ministerio. Los líderes estaban entusiasmados con la oportunidad y estaban dispuestos a comprometer tiempo y dinero para hacerla efectiva.

Unos seis meses después de mi conversación inicial con Ronald, decidí visitar su iglesia para ver cómo iba el ministerio. Sorprendentemente, me encontré con él en el estacionamiento, y la diferencia que vi en él inmediatamente me llamó la atención. Tenía un brillo en sus ojos, una sonrisa que se extendía de oreja a oreja, y una ligereza de espíritu que le daba un estado de ánimo alegre. Me dijo que el ministerio iba muy bien.

Durante mi visita busqué descubrir cómo se sentían los demás sobre el ministerio a los niños en riesgo y cuán extenso era el trabajo. Mis conversaciones me dieron abundante información. La iglesia había formado tres grupos que estaban ministrando a los niños. Un grupo estaba sirviendo como tutores, ayudándoles con sus tareas escolares. Otro enviaba tarjetas de cumpleaños y de felicitación a los estudiantes que habían elegido. Otro grupo visitaba a los niños cada semana, buscando ser su amigo. Los resultados fueron gratificantes.

Una mujer me contó que sirvió como mentora de un niño de doce años. Su maestra le dijo que constantemente actuaba con su enojo y frustración, pero que cuando Beverly lo visitaba, parecía tan normal como sus propios hijos. Estaba tan agradecido por su visita que no podía exteriorizar sus sentimientos negativos cuando ella estaba presente.

Una niña que había recibido una tarjeta del «grupo de escritura» se la mostró a uno de los mentores. Se mostró orgullosa de que alguien hubiera puesto su nombre en la tarjeta y le hubiera escrito una nota especial. Una afirmación tan pequeña significaba mucho.

Un grupo de mujeres de la iglesia adoptó una clase entera. Hicieron una cita para visitar la clase mientras la escuela estaba en sesión. Durante ese tiempo le pidieron a la clase que hicieran una lista de las cosas que les gustaría que les ayudaran a hacer. Los niños hicieron una lista verbal: «Plantar un árbol». «Recoger basura». «Construir una pajarera». «Cuidar de los niños». Las mujeres no podían imaginar a sus propios hijos haciendo una lista tan simple.

Uno de los hombres que servía de mentor llevó sus palos de golf para mostrárselos a su alumno. El niño de doce años nunca había tenido un palo de golf en sus manos antes.

Mientras un miembro de la iglesia reflexionaba sobre el ministerio, comentó: «Me asombra que tan poco signifique tanto para estos niños. No tenemos que trabajar y planificar. Sólo tenemos que estar ahí».

¿Ves cómo Ronald y los miembros de esta congregación llegaron a conocer la voluntad de Dios haciendo la voluntad de Dios?

He contado esta extensa historia no sólo porque tiene un fuerte enfoque en el hacer, sino también porque ilustra muchos de los temas que rodean el comienzo de un ministerio. En esta historia vemos un llamado que surge del dolor, lo cual es muy frecuente. Ronald demostró sabiduría al hablar con el pastor y el órgano de gobierno de su iglesia antes de seguir adelante con su ministerio. Las señales de la presencia de Dios se hicieron más claras a medida que el grupo original con el que trabajaba luchaba unido, desarrollaba planes e invitaba a otros a compartir el ministerio. En este caso, la persona llamada estaba comprometida en el trabajo antes de que el llamado se hiciera claro para él. La respuesta de los líderes de la iglesia confirmó la validez del llamado. Después de quedarse atascado, me buscó como alguien que pudiera reflexionar con él sobre su llamado y averiguar cómo empezar. Las luchas aparecen por todas partes en esta narración: en la vida personal de Ronald, en el comité y en el lanzamiento del ministerio. La confirmación del llamado vino después de que comenzaron a hacer el ministerio.

Una explicación más profunda de hacer para conocer

Al repasar la experiencia de Ronald en su llamado y el inicio de su ministerio, es obvio para mí que tuvo que ir más allá de la preocupación por los niños y un comité empantanado que se centró en la planificación en lugar de actuar. Después de un período de resistencia al llamado esperando que otros capten la visión, le quedó claro a Ronald que era su llamado a cumplir. La iglesia podría haber contratado a un director a tiempo completo, pero esa persona no habría tenido la visión. Dios llamó a Ronald, y él tuvo que responder al llamado con compromiso.

Ronald tenía una opción en esta situación. Podría haber elegido alejarse del dolor de los niños. Pudo haber disuelto el comité o continuar haciendo preguntas y objeciones sobre el ministerio. Pero su sentido del llamado y su respuesta a las necesidades de los niños fueron lo suficientemente fuertes como para atraerlo a un compromiso más profundo. Parece que el Espíritu no lo dejaría libre.

Cuando Dios llamó a Ronald a este ministerio, Ronald se enfrentó a un gran riesgo. El primer riesgo vino cuando reconoció para sí mismo y para su pastor que sentía que la necesidad de los niños en riesgo tenía que ser atendida. Servir como presidente del comité cuando no estaba seguro de su papel y su compromiso era también un riesgo. Sin embargo, me parece que corrió el mayor riesgo el día que se presentó ante sus compañeros y confesó que sentía el llamado de Dios a este ministerio. Una vez que reconoció el llamado, se ató más fuertemente a él, y el riesgo de fracasar se cernía sobre él. El miedo al fracaso y la posibilidad de ser expuesto como un fracaso hizo que la decisión fuera difícil.

Los factores que he destacado en el caso de Ronald figuran prominentemente en cada llamado, ya sea a un ministerio ordenado o a un ministerio especial en la iglesia o la comunidad. Poner en marcha el llamado siempre implica elección, compromiso y riesgo. No hay manera de evitarlo: responder a un llamado siempre implica riesgo.

El llamado de Dios al ministerio existe primero en la mente de Dios como una potencialidad. Sigue siendo una mera posibilidad hasta que la persona y la situación se unen a través del poder de un llamado. Dios espera el momento adecuado y a la persona adecuada.

El llamado encuentra receptividad en el corazón y el alma de la persona correcta. El llamado de Dios despierta una nueva posibilidad en su corazón. La posibilidad de este llamado no sólo satisface una necesidad humana, sino que también satisface a la persona que humildemente responde a ella.

La respuesta activa al llamado encarna la voluntad de Dios en la historia humana. La potencialidad del llamado se une a la posibilidad de la acción humana para resultar en la creación de una nueva situación en la historia.

Dios es glorificado a través de la actualización de su voluntad en las personas que obedecen su llamado. Los seres humanos se realizan respondiendo a la posibilidad creada por la acción del Espíritu de Dios sobre ellos. La historia humana se infunde de lo sagrado a través de la obediencia del pueblo de Dios. Esta nueva historia creada a través del Espíritu se eleva a la vida de Dios y participa de la eternidad del Padre, el Hijo y el Espíritu Santo.

Sé que estas afirmaciones teológicas suenan abstractas tanto para el clero como para los laicos. Tal vez algunas personas encuentran estas declaraciones vacías sin mucho significado o poder de persuasión. Pero creo que hará una diferencia si vemos la experiencia de Ronald a través de estos lentes. Me preocupa especialmente que nos demos cuenta de que las fieles acciones de los seres humanos en respuesta al llamado de Dios tienen un significado eterno. ¿Qué mayor motivación podríamos recibir que la oportunidad de participar en la eternidad de Dios a través de nuestra obediencia a su llamado?

Mucho antes de que Ronald reconociera su llamado, ese llamado residía en la mente de Dios. Desde la fundación del mundo, Dios conocía a Ronald, lo amaba y se propuso hacer el bien por él. Tal vez Dios incluso lo destinó a ser un hombre de compasión y servicio humilde. Sin embargo, esta intención de Dios esperaba el momento adecuado. La convergencia del espíritu inquieto de Ronald y el dolor de los niños maltratados proporcionó el contexto en el que el Espíritu pronunció el llamado de Dios. Ronald escuchó ese llamado y, aunque luchó con él, encontró una forma de responder a él. El Dios revelado en Jesucristo no es el dios sin pasión de la filosofía griega, sino un Dios de amor y compasión que se regocija cuando sus criaturas lo honran y obedecen. Dios estaba complacido con Ronald y los miembros del cuerpo de Cristo que escucharon el llamado a través de él.

Cuando Ronald regresó de Vietnam y finalmente se estableció en su ciudad natal, no buscaba conscientemente la voluntad de Dios para su vida. Asistía a la iglesia, adoraba a Dios y buscaba vivir una vida piadosa, pero no mostraba una profunda intimidad con Dios. Sin embargo, su servicio en Vietnam, la decepción y el dolor que experimentó en California, y su búsqueda del trabajo adecuado se combinaron para darle un sentimiento de inquietud. Sin ser siempre consciente de ello, Ronald fue impulsado por su inquietud y falta de dirección. Algo dentro de él sabía que estaba hecho para algo más que trabajar, ganarse la vida y morir.

Cuando aceptó enseñar un curso de comunicación para padres, no era consciente de que había tomado un camino que le llevaría a la realización de su vida. En el momento en que aceptó el desafío, parecía la elección natural a hacer. Sus esfuerzos por ayudar a los padres de niños abusados le recompensaron con un nuevo tipo de paz y satisfacción. Aun así, no se dio cuenta de que estaba en un curso que tenía una profunda dimensión divina. Sólo después de su visita a las tres escuelas y sus conversaciones con los directores, comenzó a preguntarse si Dios estaba guiando sus pasos.

Cuando su ministro y el órgano de gobierno de su iglesia respondieron positivamente a su propuesta de ayudar a los niños en riesgo, Ronald se sintió más seguro de que Dios estaba «tratando con su vida». Pero esta confianza fue desafiada por su renuencia a entregarse completamente al llamado. Meses de conversación y lucha finalmente lo llevaron al retiro y a la presentación del desafío a los líderes. Todo el proceso de discusión de la misión y su aceptación final del liderazgo fue un período de creciente compromiso con el llamado de Dios.

El cambio en su apariencia entre el primer día que lo conocí y la última vez que lo vi contó su propia historia de alegría y realización. Aquí estaba un hombre que había sido guiado por Dios y enviado a una misión que había cumplido su vida más de lo que la afirmación humana o la adquisición material jamás podrían.

Cuando reviso este llamado personal y las elecciones resultantes que ocurrieron, veo un acto que no sólo es trascendente y encarnado sino también eterno. El llamado que Ronald experimentó se originó en Dios. Fue Dios quien tomó la iniciativa de llamarlo suave y gradualmente a un ministerio para niños abusados. Esas visitas a las escuelas, las tarjetas y cartas enviadas a los estudiantes, las horas de tutoría, y los tiempos de tutoría compartidos por Ronald y los miembros de su congregación hicieron visible y tangible la intención de Dios. Dios estaba trabajando en su trabajo. Dios estaba presente no sólo en el dolor de los niños, sino también en la expresión de la gracia y el amor. A través de este ministerio, la gracia y el amor de Dios se mezclaron con las vidas de los fieles seguidores de Cristo y las vidas llenas de dolor de los niños abusados. Dios fue honrado. Dios fue glorificado.

Pero creo que más que la encarnación estaba teniendo lugar. Este ministerio de compasión ahora reside en la mente omnisciente de Dios. Porque está en la memoria de Dios, durará por siempre y para siempre. Dios es glorificado no sólo en pequeños actos de compasión sino también en la memoria de estos eventos. Cuando considero lo que nuestra amorosa obediencia significa para Dios, eleva mi sentido de realización al nivel más alto, porque sé que lo que se hace en el nombre de Cristo dura para siempre.

Ser un servidor de Dios no es por lo tanto una cosa pequeña, porque participamos en la continua encarnación y ascensión. Enterrado en la obediencia, elevado en la realización de la vida, y ascendido al Eterno. ¿No es esto lo que significa hacer la voluntad de Dios?

Ejercicios en discernimiento

1. Vive con tu sentido del llamado durante varias semanas. Si tienes paz y claridad sobre la dirección de tu llamado, toma más medidas para obedecerla.

2. Si te sientes llamado a un ministerio en tu iglesia local o comunidad, considera tomar las siguientes acciones:

   - Invita a varias personas a formar un grupo de apoyo que orarán contigo sobre el ministerio.
   - Después de orar por una visión clara de tu llamado, haz una lista de los primeros pasos a seguir para implementarla.
   - Consigue la aprobación del ministro y/o el cuerpo gobernante de tu iglesia, y procede con la visión.
   - Crea una línea de tiempo que muestre cuándo se completará cada paso.
   - Planea hacer informes regulares al cuerpo gobernante sobre tu ministerio.
   - Sigan buscando la guía de Dios.

3. Si sientes un llamado al ministerio ordenado, los siguientes pasos de obediencia te ayudarán en tu llamado:

   - Selecciona un pequeño grupo de amigos que orarán por ti y te apoyarán en tu respuesta al llamado de Dios. Reúnete con ellos y comparte tus planes.
   - Después de hablar con tu ministro y el cuerpo de gobierno de tu iglesia, contacta con varios seminarios de tu denominación. Solicita catálogos y pide que lo pongan en sus listas de correo. Ellos lo harán con gusto.

- Lee los catálogos y listas de cursos para ver qué escuelas te parecen adecuadas.
- Pídele al director de admisiones de cada escuela un horario de conferencias de fin de semana a las que se invite a los futuros estudiantes. Haz planes para asistir a una de estas conferencias en dos o tres de los seminarios.
- Elije un seminario y procede con fe que Dios proveerá.

4. Sea cual sea tu llamado, haz una lista de la ayuda que necesitarás para ser fiel a Dios y al llamado de Dios a ti.

CAPÍTULO OCHO

Viviendo en el llamado

Abrazar un llamado de Dios debe movernos firmemente hacia ser abrazados completamente por el llamado de Dios. No poseemos el llamado; el llamado nos posee a nosotros. No podemos vivir en el llamado de una manera indiferente, como si estuviéramos sentados en una computadora gigante manipulando las teclas. Más bien, ser abrazado por el llamado es mucho más como ser arrastrado por las olas del océano y arrastrado a las profundidades. A medida que comenzamos a vivir el llamado, se encarna cada vez más en nuestro pensamiento y nuestras acciones; el llamado se hace carne en y a través de nosotros. No es como una roca lanzada a un cubo que simplemente cae al fondo con un ruido sordo. El llamado es más como una esponja que cae en un cubo lleno de agua y se empapa completamente. O como una cucharadita de colorante azul que gotea en un vaso, coloreando toda el agua que hay en él.

Reggie: Un ejemplo concreto

Conozco a un hombre en la costa oeste que ilustra mejor que nadie lo que significa vivir en un llamado. En mi primera conversación con Reginald, a quien pronto aprendí a llamar «Reggie», me habló de una profunda experiencia mística que había sido un importante punto de inflexión en su vida. Había estado corriendo por un sendero de montaña detrás de su casa cuando se detuvo a recuperar el aliento. Y entonces sucedió. De repente, sin ninguna advertencia, y sin búsqueda intencional por su parte, tuvo una profunda sensación de ser engullido por la presencia de Dios. Sabe que esta experiencia no fue simplemente una «euforia del corredor» porque ya lo había experimentado antes, y esta revelación fue diferente. Se esforzó por describírmela. Dios estaba allí; experimentó una profunda sensación de alegría; sintió que el momento tenía sentido para su futuro, pero no tenía ni idea de lo que sería.

En el momento en que ocurrió este evento, Reggie no era cristiano, pero sí creía en Dios. De hecho, había creído en Dios desde su segundo año en la universidad, cuando tuvo una experiencia similar. Había estado estudiando los argumentos a favor de la existencia de Dios. Entonces, sin ningún esfuerzo de su parte, y sin ninguna advertencia, escuchó una voz hablando suavemente dentro de él, asegurándole la existencia de Dios. La voz era algo así como lo que San Pablo describió cuando habló de un anhelo «demasiado profundo para las palabras». Desde ese momento, Reggie nunca dudó de la existencia de Dios.

Pero volvamos al encuentro en la montaña, que fue el tipo de experiencia que ilumina otras experiencias. Reggie dijo que en ese momento tenía un sentido de misión, tal vez una vocación, pero que en ese momento estaba demasiado envuelto en su familia y su negocio como para prestarle atención. Pero este roce con lo trascendente lo dejó con un apetito por el Espíritu; quería más. Siempre había estado fascinado con el Jesús histórico, así que tomó a Jesús como su punto de partida inicial. Mientras buscaba en Internet para obtener más información, se encontró con esta afirmación: «Si realmente quieres saber lo que es experimentar a Jesucristo, lee sobre las experiencias de los primeros cristianos en el Libro de los Hechos». Así que empezó a leer las historias de los Hechos de los Apóstoles y a comparar sus experiencias con las suyas. Eran similares, y se sentía menos extraño.

Comenzó a expandir su lectura y exploración de los primeros cristianos, y esta búsqueda más amplia lo puso en contacto con varios escritores místicos. Mientras leía los escritos de uno de los místicos, se dio cuenta de que su lenguaje describía exactamente su experiencia: era su tierra natal; había vuelto a casa. El dogma teológico nunca le había hablado; le parecía tan abstracto y alejado de la vida. Pero los escritos de los místicos se basaban en su experiencia de Dios. Descubrió que su testimonio iluminó su encuentro con Jesús de Nazaret.

Le pregunté cómo se relacionaba esta experiencia del Cristo vivo con su sentido del llamado. Después de unos minutos de reflexión, dijo, «Dios nos está invitando a una relación con Jesucristo». Para él, como cristiano, todo estaba enraizado en Jesús. Y debido a esta relación con Jesús, experimentó la presencia de Dios y vivió con gran alegría; tenía una esperanza de vida eterna y se deleitaba en ser parte de la continua encarnación de Jesús en el mundo. Reggie también confesó que la relación entre Dios y el Cristo vivo era todavía un misterio para él, como lo es para la mayoría de nosotros.

El llamado que recibió le encargó que ayudara a otras personas a escuchar la invitación de Dios. Escuchar la vaga invitación de Dios en la montaña, y más tarde la invitación más específica a través de Jesucristo, dio forma a su idea de ayudar a otros a escuchar la invitación. Se sintió obligado a llegar a la gente escéptica como él, para la que el lenguaje tradicional sólo producía indiferencia. Centró su atención en la experiencia de Dios y en ayudar a otros a entrar en ella. No podía imaginar nada de mayor valor o más profundo que ayudar a otros a volverse hacia Dios y escuchar a Dios por sí mismos. Estaba convencido de que escuchar a Dios cambiaría completamente la orientación de sus vidas, que se transformarían de personas egocéntricas a personas del reino. Confinar su lenguaje a Dios le facilitó la tarea, y confesar su propia lucha con la relación entre Dios y Cristo parecía ofrecer un puente a otros que también luchaban con este tema de la fe.

A medida que este llamado se profundizaba, Reggie decidió que era mejor que encontrara un lugar para nutrirlo. Rápidamente llegó a la conclusión de que localizar una iglesia sería su primer paso. Después de visitar numerosas congregaciones, encontró una que parecía honrar la experiencia de Dios que estaba cambiando su vida. Comenzó a asistir allí. También se inscribió en clases en un seminario local para aprender más sobre este Dios que lo había invitado a esta maravillosa relación. Después de meses de buscar una manera de ayudar a la gente a escuchar la invitación de Dios, a Reggie se le ocurrió la idea de crear un grupo para escépticos: un grupo de «todo vale», «ninguna pregunta es demasiado tonta», «empieza tu búsqueda donde estés».

En el momento en que Reggie y yo hablamos, el grupo de escépticos tenía un año. Reggie seguía buscando formas más efectivas de invitar a la gente a las conversaciones. Cada semana hacía pequeños cambios en la forma de dirigir el grupo—un modelo de acción/reflexión de aprendizaje a través de la experiencia práctica. Después de estar involucrado con el grupo durante un año, ahora pensaba en cómo estandarizar el programa y «empaquetarlo» para otras iglesias. ¿Cómo podría distribuirlo? ¿Cómo podría entrenar a los líderes? Ya estaba empezando a pensar en la investigación del lenguaje que se comunicaba con personas ajenas a la fe.

Sintiendo su profunda pasión por ayudar a otros a escuchar la invitación de Dios, empecé a preguntarme cómo esta vocación afectaba a su vocación. Cuando le pregunté cómo se relacionaba su fe con su trabajo, tenía una respuesta preparada. Primero, admitió que su pasión por el lado del ministerio de su vida competía con su negocio. Su energía estaba en el evangelismo, pero el negocio era una necesidad. Su respuesta no me sorprendió. Lamentó el hecho de no saber cómo llevar su sentido de Dios más profundamente en su negocio y también en su vida familiar. (Me di cuenta más tarde de que probablemente quería hablar de la vida familiar, pero no me di cuenta en ese momento.)

Estando interesado en la fusión de la fe y el trabajo yo mismo, le pregunté qué problemas enfrentaba para unir sus dos mundos. Después de un período de seria reflexión, dijo que escuchaba a la gente de su ministerio de una manera diferente a la que escuchaba a los clientes y proveedores en el trabajo. No era que un grupo fuera importante y otro no, sino que los asuntos de la fe despertaban su interés y su energía más que los asuntos de negocios. Sólo la admisión de esta dificultad le hizo reafirmar su deseo de fusionar su fe con su negocio.

Tal vez esta noción de Dios en lo cotidiano parece tan común como los Kleenex, pero no es conocida ni practicada por todos los bautizados. De hecho, una amiga mía compartía su experiencia de buscar constantemente estar ante Dios todos los días de la semana, y un compañero oyente dijo, «Nunca antes había pensado en el cristianismo de esa manera». ¿Cómo crees que lo había estado pensando?

Seguí tratando de entender la experiencia de Dios de Reggie. «¿De dónde sacas la energía para este trabajo?» Pregunté. «¿De dónde sacas la energía para mantener tu ministerio vivo y ser creativo en él?»

«Oro mucho», respondió.

«¿Pero no hay nada más que te dé la energía que necesitas para mantenerte en la tarea?»

«Si lo hay, no puedo pensar en ello».

Empecé a reflexionar sobre su experiencia con él. «Supongo que te has lanzado a este ministerio con tanto espíritu y entusiasmo que durante este breve período no has tenido tiempo de quemarse. ¿No encuentras una fuente de fuerza en el grupo de dirección espiritual al que perteneces?»

«Sí, lo estoy», dijo, «y también hablo a menudo con mi ministro. Ella parece entender mi sentido del llamado y la pasión que tengo por el trabajo». Hizo una breve pausa, y luego continuó, «Participé en varios retiros de silencio patrocinados por nuestra iglesia, y recientemente tuvimos un retiro de discernimiento que significó mucho para mí. Tal vez he estado encontrando más alimento del que era consciente. Supongo que he sido nutrido de maneras que no noté ni nombré en ese momento».

Mientras hablábamos, tuve la clara impresión de que este hombre estaba siendo tratado por Dios tan clara y poderosamente como cualquiera que yo haya conocido. La claridad de la presencia de Dios en su experiencia provocó mi siguiente pregunta: «¿Alguna vez pensaste que Dios podría estar llamándote a un ministerio ordenado?»

«Sí, lo he hecho... he pensado mucho en esa pregunta. Mi sentido más claro del llamado es difundir el mensaje para que otros puedan escuchar la invitación de Dios. Cuando pensé en el ministerio ordenado antes, sentí una considerable resistencia a la idea, pero ahora no me siento tan seguro de ello. Pero tengo 51 años, y de alguna manera mi edad va en contra de mi camino hacia la ordenación».

Mi exploración de su llamado dio otro giro en este punto. «¿Alguna vez pensaste en comenzar una iglesia?»

«Sí, a menudo. Creo que sería un reto, y algunos días siento que me gustaría intentarlo. Pero empezar una iglesia significaría ser ordenado primero, y no me he sentido lo suficientemente fuerte para formar una congregación».

«¿Cuál es tu visión del futuro?» Pregunté.

«Me gustaría que el ministerio de los escépticos evolucionara hacia un acercamiento claramente definido a los forasteros de la fe. Una vez que haya sido capaz de hacer eso, me gustaría desarrollar materiales para otras congregaciones para ayudarles a comenzar sus propios grupos para los escépticos. Creo que hay seis o siete ministerios adicionales que podrían surgir de mi trabajo con los escépticos. El énfasis en la oración, la Biblia y el testimonio cristiano vienen inmediatamente a la mente».

Mientras escuchaba a este hombre lleno de energía hablar de su visión del futuro, le sugerí que le gustaría acelerar su formación en el seminario, porque un título lo legitimaría además de informarle. Me pregunté en voz alta si podría convertirse en un evangelista bajo la autoridad del consejo de administración de su iglesia. Como evangelista podría trabajar en congregaciones, dirigir retiros y hablar en los servicios de culto con legitimidad.

Esta es una asombrosa historia de despertar y llamado que muestra claramente muchos aspectos de un discípulo serio viviendo el llamado de Dios. Estoy sorprendido por la forma en que el Señor se encontró con Reggie. Su asistencia a este encuentro a través de la reflexión, la oración, la recopilación de información, la inscripción en el seminario, y el inicio de un grupo de buscadores son todos asuntos de asombro para mí.

Formas de vivir en tu llamado

¿Cómo se apropia un discípulo del llamado que ha recibido? La historia de la experiencia de Reggie ilustra una respuesta a esta importante pregunta. Usando esta entrevista como telón de fondo, quiero ofrecer cuatro sugerencias específicas para vivir su llamada.

Vive en conciencia diaria

Vivir en conciencia significa darse cuenta de lo que pasa en tu vida y en el mundo que te rodea. Significa estar en sintonía con uno mismo, así como ser sensible a lo que otras personas dicen tanto con palabras como con lenguaje corporal. La antítesis de vivir en la conciencia es dormir tu camino a través de la vida, viviendo inconscientemente, automáticamente y sin pensar. La gente que vive así parece estar «pregrabada», en piloto automático. ¡Cuánta gente encaja en esta descripción! Vivir de esta manera es una tentación para todos nosotros, pero ceder a ella embota nuestro sentido del llamado y embota nuestra eficacia.

En una vocación laica, esta tentación atrae a la gente a formas de pensar establecidas sobre cómo se hace el trabajo, cómo se establecen las relaciones y cómo se persiguen los objetivos. La vida se vuelve predecible, con poca variación de un día para otro. Vivir este tipo de vida rutinaria funciona en oposición a vivir en el llamado.

Para el pastor, la tentación de servir a la gente por sentido del deber o por hábito lleva a la frialdad e insensibilidad al dolor de esas personas. Hace que la predicación sea un recital en lugar de una proclamación, y convierte la administración del discernimiento en gestión. En esta etapa, el una vez exuberante ministro comienza a perder la pasión y la visión. En poco tiempo, el recuerdo de por qué fue al ministerio ordenado se desvanece.

Sorprendentemente, el estudiante del seminario se enfrenta a tentaciones similares. La presión de estudiar tiende a eliminar los largos tiempos de oración y silencio. Como consecuencia, el sentido de la llamada que llevó a este serio discípulo al seminario se vuelve aburrido, y el enfoque de ser elegido para el ministerio se desdibuja por la urgencia de conseguir un trabajo. Cuando el sentido del llamado se mueve al margen de la conciencia, la pasión por el ministerio se enfría, y el aspirante a apóstol se convierte en un profesional.

¡Qué consecuencias tan terribles por no prestar atención! ¿No hay un antídoto para este sonambulismo?

Sí que lo hay. ¡Despierta! Abofetéate, pellízcate, o pínchate con un alfiler, en sentido figurado. Detente. Mira. Escucha.

Aquí hay algunos consejos que pueden ayudar. Primero que nada, detén la procesión inconsciente de tu vida prestando atención a lo que estás pasando delante de tus ojos. Mira realmente la tierra, el cielo y los árboles. Fíjate en la gente que te rodea; mira sus caras. Escucha cuando la gente te habla. Examina los pensamientos que fluyen a través de tu mente. Haz estas cosas, y hazlas *ahora*. Sin corrección, tu pequeña canoa de la conciencia puede estar flotando más cerca de las caídas traicioneras. Empieza a prestar atención a dónde estás a cada momento. Ven al presente.

Puedes reclamar tu conciencia si apagas intencionalmente tus respuestas automáticas a la vida por unos momentos cada día. Crea pequeños espacios durante el día en los que intencionalmente pienses en tu vida ante Dios. Hacer varias pausas durante el día te ayudará a apagar las funciones automáticas de la vida y ponerlas bajo control manual.

Cada vez que haga estas pausas—al principio del día, o durante las horas de trabajo, o al final del día—puede que quiera emplear unos pequeños ejercicios que te ayuden. Primero, descubre el arte de preguntar. En los momentos en que has detenido el proceso inconsciente de tu vida, pregúntate qué está pasando en tu vida. ¿Dónde está Dios en tu vida hoy? ¿Por qué has conocido y hablado con alguien que no esperabas conocer? ¿Por qué corres tan rápido? Estos pequeños trampolines de la maravilla pueden ayudarte a sentir la profundidad de la vida bajo la agitación de la superficie. Encontrarás que la maravilla es muy amistosa con tu compromiso de vivir intencionalmente.

Otro ejercicio diario útil requiere el uso de la imaginación. La imaginación, la capacidad de imaginar la vida como podría ser, puede convertirse en un poderoso aliado para superar el sonambulismo espiritual. Un día, cuando estaba dando un paseo con mi vecino y amigo Walter Brueggemann, me contó una historia que me ha quedado grabada. Había estado leyendo el relato de un hombre judío que vivía lejos de su patria y sentía la presión diaria de un mundo social poco comprensivo con su fe y sus valores. Cuando le preguntaron cómo sobrevivió en circunstancias tan adversas, respondió: «Todos los días me levanto del sueño y me imagino como un judío». Cada día le presentaba el desafío de volver a imaginarse como judío. Sin esta práctica diaria, la presión cultural probablemente le habría quitado la conciencia de su judaísmo.

Lo que sugiero a través de esta historia es que cada día debemos imaginarnos como cristianos, como personas llamadas por Dios en Jesucristo y como personas que viven en unidad con nuestro Señor. Debemos imaginar un mundo en el que la vida y la vitalidad brillen bajo la superficie de cada evento de nuestras vidas. Y debemos imaginarnos a nosotros mismos viviendo con apertura a la presencia de Dios en todas las cosas. Cuando hayamos desarrollado plenamente esta práctica, nuestras formas de vida automatizada se habrán visto seriamente desafiadas, si no se dejan atrás para siempre.

Reggie ilustra una forma de tomar conciencia. Cuando estaba corriendo por la montaña y se encontró con el Espíritu, se detuvo y escuchó lo que se le dijo. Con su apetito por el Espíritu, comenzó a buscar palabras y símbolos para captar y desarrollar su fe. Sus esfuerzos por llevar su nuevo sentido de Dios a su vida laboral ilustran aún más la forma en que funciona una persona consciente. Antes de ese día, cuando corría por el sendero de la montaña, Reggie se consideraba espiritual de una manera general, pero su conciencia de Dios llegó en breves períodos separados por meses—incluso años. Desde el momento de su despertar, todas las experiencias apuntaban a su creciente conciencia de que Dios es parte de todo. Mientras Reggie hacía estos descubrimientos, otro amigo mío—Richard—hacía lo mismo.

Desde el principio te presenté a Richard, un joven abogado que buscaba discernir si tenía un llamado al ministerio ordenado. Después de sugerirle que volviera a su ciudad natal y viviera para Dios allí, lo hizo. Cuando llegó a casa, invitó a su ministro a unirse a él en la formación de un pequeño grupo de hombres que se reunían semanalmente para orar. A través de la inspiración del Espíritu recibida en ese grupo, Richard comenzó a visitar a cada ministro de la ciudad, preguntándoles sobre su fe cristiana y aprendiendo de ellos. En cierto sentido, se convirtió en el vínculo ecuménico que unía a todas las diferentes creencias de la zona. Con la bendición de su pastor, comenzó a enseñar una clase enfocada en el Espíritu Santo cada miércoles por la noche en su iglesia local. La asistencia creció rápidamente. Luego, el cuerpo gobernante le dio permiso para invitar a un ministro pentecostal local para hablar a la creciente asamblea los miércoles por la noche. El énfasis de Richard en el Espíritu y en cómo discernir la Presencia en la vida diaria eventualmente llevó a un ministerio para los pobres de la comunidad que involucraba proveer comida, ropa, consejería y representación legal. El día que se le acercó para que se convirtiera en juez, sintió que la mano de Dios estaba redirigiendo su vida. La vida de Richard había sido sacada del piloto automático, y al Espíritu se le había dado un control manual.

Sé creativo en tu ministerio

Un ministerio nunca ha nacido completamente crecido. Un ministerio vital siempre está creciendo y expandiéndose a nuevas áreas. Cuando eres llamado a un ministerio, empieza con algo pequeño, empieza con ciertas expectativas específicas, y empieza inmediatamente. Piensa en el ministerio como una pequeña planta que ha roto la superficie del suelo con un tierno brote. Esta planta emergente requiere atención, cuidado y cultivo. Con este tipo de cuidado, la planta crecerá y continuará cambiando.

Cada logro en un ministerio manifiesta un tipo de crecimiento, y este crecimiento provee de grano para el molino de la imaginación. Cuando un grupo de mujeres interpreta su música en un asilo de ancianos e interactúan con los residentes, su reflexión sobre esta experiencia dará lugar a nuevas formas de realizar su servicio. Cada vez que un mentor visita a un estudiante en una escuela especial, obtendrá nuevas ideas sobre cómo estar con el niño de una manera más útil. En el caso de Richard, cada ministro que visitó en su ciudad natal le dio una nueva visión de la vida religiosa de la comunidad y le sugirió formas en que su trabajo cristiano podría mejorar. Para ayudar a mantener su ministerio vivo, revise cada acto del ministerio como una forma de escuchar a Dios a través del trabajo de sus manos.

Unas cuantas sugerencias pueden ayudarle a mantener su creatividad fresca y productiva. Primero, mire los datos básicos de su actual ministerio—quién, qué, cómo y por qué. ¿Cómo se puede mejorar? ¿Cómo puede ser ampliado? Cada ministerio puede ser hecho mejor y más efectivamente.

Segundo, estar dispuesto a tomar riesgos. El riesgo subyace en el desarrollo de un ministerio tan seguramente como en el inicio de uno. El cambio siempre implica riesgo—el riesgo de pérdida, el riesgo de fracaso, y el riesgo de renunciar al control. El riesgo de comenzar un ministerio está en la posibilidad de no lograrlo, pero una vez que es funcional, el cambio crea el riesgo de alterar o destruir el ministerio. Cuanto más grande sea un ministerio y más gente se involucre, más resistente será al cambio. Lo que la mayoría de la gente no se da cuenta es el simple hecho de que negarse a cambiar matará un ministerio tan seguramente como tomar decisiones equivocadas o inoportunas.

Tercero, dale alas a tu imaginación. Dios nos ha dado la imaginación como un instrumento para crear el futuro. Los que estudian el aprendizaje en los niños dicen que un niño estará atascado en una etapa preliminar de desarrollo hasta que aprenda a pensar por analogía: «Esto es como...» Cuando un niño define una cosa comparándola con otra, está dando un salto analógico. Por ejemplo, cuando mi nieto dice: «Este perro es como un caballo porque tiene cuatro patas», está usando su imaginación. Podemos usar nuestra imaginación de la misma manera. Si yo, por ejemplo, enseño un curso como instructor, me imagino enseñando como facilitador. Imaginar la diferencia en la enseñanza requiere el uso creativo de la imaginación.

Con respecto al ministerio, cuando entiendes una forma de realizar el ministerio, puedes imaginarlo de una manera diferente. La imaginación puede actuar sobre la «diferencia» y anticipar el resultado de los cambios. La imaginación ofrece una gran ayuda para adquirir conocimiento, crear «novedad» y anticipar los resultados del cambio. Ninguna otra experiencia puede igualar el puro placer de usar la imaginación. Pero antes de liberar su imaginación, prepárese para tomar riesgos. Imaginar algo nuevo está muy cerca de participar en la creatividad de Dios.

Cuarto, sea mentor de nuevos líderes y trabajadores en el ministerio. Un ministerio difícilmente puede ser llamado creativo si no desarrolla la próxima generación de líderes. Todas las personas que participan en un ministerio serán entrenadas para hacer una tarea particular, pero realizar una tarea con éxito es muy diferente de ser un líder. Un hombre de mi iglesia lidera un equipo de Hábitat, pero si este ministerio va a continuar de manera efectiva, debe ser mentor de algunos de los miembros del equipo para que sean capaces de asumir los roles de liderazgo. Este principio se aplica a todos los ministerios.

Quinto, estar dispuesto a dejar morir un ministerio. No puedo pensar en nada más triste que ver un ministerio continuar cuando la necesidad de él ya no existe. Esta perversión ocurre cuando mantener el ministerio se convierte en la meta en lugar de satisfacer la necesidad por la que se inició. Hay una resistencia extrema a detener un ministerio cuando se ha creado una dotación y los asalariados dependen de su asociación con el ministerio para su sustento. Sin embargo, la viabilidad de un ministerio debe ser siempre el factor más importante. Los ministerios surgen por una necesidad actual, y cuando esa necesidad ya no existe, se debe permitir que el ministerio muera.

Una vez más, creo que vemos en el ministerio de Reggie un número de iniciativas que mantienen un ministerio vivo. Debido a que había sido un escéptico durante tantos años, era bastante natural para él crear un ministerio para los escépticos. Escribió material para que el grupo lo estudiara y yo le ayudé a revisarlo. Después de dirigir su primer grupo, evaluó los resultados y determinó encontrar mejores formas de promover el grupo para atraer a los que más se beneficiarían de él. Vio deficiencias en el material y lo revisó para el siguiente grupo. Después de un año de trabajar con su concepto original, comenzó a pensar en cómo llevar el ministerio a otras iglesias. Debido a su éxito con los primeros grupos, Reggie imaginó derivados que respondían a otras preguntas de los miembros que preguntaban. Cuando mencioné a Internet como un canal natural para la expansión, él ya había pensado en eso—ya estaba muy por delante de mí en sus sueños. ¿Ves cómo un líder dinámico siempre piensa creativamente en formas de mejorar y expandir un ministerio?

Encuentra las formas de mantener fresco tu llamado

El paso del tiempo no tiene por qué erosionar su entusiasmo y sus sueños para su ministerio. Puedes tomar iniciativas para mantener tu llamado fresco. «Fresco» no significa «igual». Creo que muchos de nosotros sentimos un impulso constante de volver a nuestro llamado original con la esperanza de que las emociones que acompañan nuestra aceptación del llamado regresen. Tales esfuerzos por manipular nuestros sentimientos son generalmente improductivos. Aunque no podemos dictar nuestros sentimientos, podemos tomar varios pasos para mantener nuestro sentido de llamada centrado y fresco.

Habla de tu sentido de Dios en tu ministerio Muchos en mi tradición se sienten incómodos cuando hablan de Dios. Eso se debe en parte a la cultura de la iglesia, y en parte a la falta de una clara convicción sobre la presencia y la actividad de Dios. Frecuentemente cuando el llamado de Dios no es identificado, el enfoque cambia de la providencia de Dios a las tareas del ministerio, y este cambio lleva a hacer un trabajo en vez de seguir un llamado.

Los ministros particularmente caen en largas sesiones de charlas sobre sus congregaciones, discutiendo el número de miembros, el número de asistentes regulares, campañas de construcción, y el tamaño del presupuesto. Si la conversación se desvía de estos viejos hábitos, puede centrarse en el tema social más candente y lo que los liberales o conservadores están diciendo al respecto. Tal conversación hace poco para mejorar el sentido del llamado de un ministro.

En los últimos cuatro o cinco años, un amigo mío que es ministro ha experimentado una transformación espiritual. Fue criado en un hogar presbiteriano, educado en la tradición clásica reformada, y ha sido un ministro efectivo por más de un cuarto de siglo. Hace varios años comenzó a experimentar cambios significativos en su vida. Además de enfrentarse a un serio problema médico, se enfrentó a cambios en la iglesia que pastoreaba. Su entrenamiento no lo preparó para hombres y mujeres laicos que experimentan un llamado, y nunca antes había visto cambios tan profundos en la vida de la gente común. Estos cambios eran paralelos a los cambios que Dios estaba efectuando en su vida. Me sorprendió un día cuando dijo, «Desde que Dios ha comenzado a trabajar en mi vida de una manera tan dramática, estoy aburrido de la conversación de mis amigos liberales. Cuando nos reunimos, los temas y las opiniones dominan la discusión, y Dios rara vez es mencionado».

Reconozco libremente que hay esa gente extremadamente piadosa, siempre hablando de Dios con cada aliento, que puede ser igual de aburrida, y no aliento ese tipo de charla sobre Dios. Pero el comentario de mi amigo tiene un buen punto: tenemos que aprender a hablar con los demás sobre el trabajo al que Dios nos ha llamado. Debemos reconocer tanto la presencia como la ausencia de Dios en nuestra búsqueda de la fidelidad. Y deberíamos hablar de una manera que sugiera que sabemos que es el ministerio de Dios y que participamos con Dios en su realización.

¿Y qué hay de ti? ¿Estás hablando abiertamente de Dios en tu ministerio?

Mantén tu vida equilibrada   Imagina la dificultad de desarrollar la habilidad necesaria para caminar por una cuerda floja. Algunos artistas famosos de cuerda floja han desarrollado la habilidad tan bien que caminan a grandes alturas en condiciones difíciles sin tener ni siquiera una red de seguridad debajo de ellos. Esta hazaña no sólo es peligrosa sino también difícil de lograr. Esta imagen sugiere la dificultad que la mayoría de nosotros experimentamos cuando tratamos de encontrar un equilibrio en nuestras vidas entre la familia, la vida social, la iglesia, el trabajo y la vocación.

Una vez hablé con un joven médico, probablemente de unos cuarenta años. Me dejó claro lo profundamente que sentía por su práctica y su deseo de ayudar a la gente con sus problemas de salud. Dios parecía estar en el centro de su trabajo y la realización que experimentaba. Al mismo tiempo, se lamentaba del hecho de que trabajaba 60 horas a la semana, veía muy poco a sus hijos, no tenía tiempo para compromisos sociales y no tenía tiempo de calidad con su esposa.

Cuando una persona con grandes dones para el ministerio se siente totalmente realizada por lo que hace, el equilibrio parece ser una meta inalcanzable. Pero sin ese equilibrio, él o ella estará expuesto al feroz fuego del agotamiento, lo cual será inevitable. El equilibrio casi seguro que mantiene la llamada más fresca y hace que el individuo sea menos propenso al agotamiento.

Sentí una sensación de equilibrio en la mujer que conocí y que fue llamada a atender a niños abusados sexualmente. Cuando le pedí que me contara lo que estaba pasando en su vida, me habló de su interés en leer la Biblia y estudiar la Bethel Bible Series. Sus ojos se iluminaron cuando habló de sentarse en la piscina y hablar con su marido sobre Dios. Sabía que estaba tomando el control de su vida cuando indicó que ella y su marido habían empezado a diezmar. Me convencí aún más de que estaba ganando equilibrio cuando enumeró sus prioridades como Dios, la familia y el trabajo. No esperaba que se agotara pronto para ella.

Eche un vistazo a su vida. ¿Tiene el tipo de equilibrio que necesitas para mantenerte?

Acepta la apreciación y la afirmación Ser capaz de recibir apreciación y afirmación también ayuda a mantener el llamado fresco. Esto no es tan fácil como puede parecer. ¿Alguna vez notaste lo difícil que es afirmar a algunas personas? Parecen tener un escudo para bloquear la afirmación y la gratitud. Cuando empiezas a afirmarlos, se avergüenzan y desvían tu bien intencionada afirmación de su habilidad o utilidad. Cuando expresas gratitud, probablemente descartan tu apreciación afirmando que lo que hicieron no fue nada. Cada uno de nosotros desea tanto la afirmación como el aprecio. ¿Por qué a algunos de nosotros nos resulta tan difícil aceptarlos?

Este no es el lugar para explorar los aspectos psicológicos de la autoestima, o la enseñanza temprana de padres bien intencionados, o el miedo a la responsabilidad que podría motivar a los individuos que se resisten a nuestras ofertas. Pero es el lugar para reconocer que Dios nos ha hecho para amar y ser amados, para apreciar y ser apreciados. Cuando rechazamos el amor y la afirmación, nuestras vidas se empobrecen.

Cuando la gente expresa amor y aprecio por ti, te ayudará escucharlos si te das cuenta de que están reportando sus sentimientos. No te dan información sobre ti mismo, sino que te dicen cómo te experimentan. ¿Puedes recibir lo que dicen y regocijarte con ellos en su experiencia de Dios en ti? Por la gracia de Dios, eres digno de afirmación y gratitud. ¡Recibirlos con gratitud a Dios!

Sé un aprendiz y un maestro de por vida Finalmente, sé un aprendiz y un maestro de por vida. En cierto sentido estos dos van de la mano: aprender y enseñar. Si una persona continúa aprendiendo, es natural que comparta ese aprendizaje. Hay numerosas maneras de mantener un sentido fresco del llamado a través del aprendizaje. Asistir a clases de educación continua, navegar por Internet, leer libros, hablar con gente informada y reflexionar sobre tu experiencia. En el mundo de hoy no hay escasez de información sobre cualquier tema que te involucre. Tu ministerio puede mantenerse fresco si alimentas tu experiencia con nueva información.

Y ser generoso con lo que aprendes. Te darás cuenta de que tu propio sentido del llamado se mantiene fresco cuando eres mentor de otros y les pasas lo que has aprendido sobre el ministerio en el que estás comprometido. Transmitir las ideas y habilidades a los demás rejuvenecerá tu propio espíritu y enriquecerá tu ministerio.

Incluso cuando hemos hecho todas estas cosas para mantener nuestro llamado claro y fuerte, todavía llegamos a lugares en nuestras vidas que exigen un refresco más profundo, algo que no podemos orquestar, algo que sólo Dios puede hacer en nosotros. Esta necesidad nos impulsa a volver a cavar los viejos pozos del llamado y a beber de ellos.

Descubre los manantiales de la renovación

El antiguo texto del Génesis me dio esta metáfora de los manantiales de los que extraemos agua fresca y viva:

Por eso Abimélec envió esta orden a todo el pueblo:
—Si alguien molesta a este hombre o a su esposa, será condenado a muerte.
Isaac sembró en aquella región, y ese año cosechó al ciento por uno, porque el Señor lo había bendecido. Así Isaac fue acumulando riquezas, hasta que llegó a ser muy rico. Esto causó que los filisteos comenzaran a tenerle envidia, pues llegó a tener muchas ovejas, vacas y siervos. Ahora bien, los filisteos habían cegado todos los pozos de agua que los siervos del padre de Isaac habían cavado. Así que Abimélec le dijo a Isaac:
—Aléjate de nosotros, pues ya eres más poderoso que nosotros.

Isaac se fue de allí, y acampó en el valle de Guerar, donde se quedó a vivir. Abrió nuevamente los pozos de agua que habían sido cavados en tiempos de su padre Abraham, y que los filisteos habían tapado después de su muerte, y les puso los mismos nombres que su padre les había dado.

Cierta vez, cuando los siervos de Isaac estaban cavando en el valle, encontraron un manantial. (Gén. 26:11-19, NVI)

Esta breve narración desenmascara a nuestros antiguos enemigos de los celos, el miedo y la codicia. Isaac había tenido demasiado éxito en la cría de ganado y en la multiplicación de su riqueza. Se había convertido en una amenaza para los filisteos, y por eso el rey Abimelec le pidió que se mudara de Gerar. No había otro lugar para él que el desierto, donde necesitaba agua más que nada. Para obtenerla, Isaac reabrió los pozos que habían sido excavados por su padre, Abraham. En una simple frase el escritor nos da una imagen de lo que pasó después: «cuando los siervos de Isaac estaban cavando en el valle, encontraron un manantial» (Gen. 26:19). Los pozos originales habían sido excavados mucho antes, pero habían sido llenados y cubiertos por los filisteos. Pero los sirvientes de Isaac encontraron esos viejos pozos, limpiaron los escombros y descubrieron agua fresca que aún fluía hacia esos manantiales.

A medida que hacemos el viaje con Cristo, viviendo nuestro llamado, aprendemos prácticas y disciplinas que abren los manantiales del Espíritu dentro de nosotros. Y entonces nos distraemos y olvidamos las cosas que aprendimos. Nuestras vidas se secan y se vuelven estériles. Somos expulsados de la seguridad de las viejas moradas y empujados a una tierra donde hace calor y es árida. Nuestra sed de agua crece, y cuando se vuelve lo suficientemente grande, excavamos los viejos manantiales.

Mi amigo Reggie aún no ha llegado a este punto, pero lo hará algún día. Todos lo hacemos. Cuando hablé con él, estaba tan lleno del éxtasis de su visión y de los nuevos conocimientos que había adquirido, que el pensamiento de la sequedad ni siquiera se le pasó por la cabeza. Pero llegará el día en que las circunstancias de su vida lo arrojen contra los sólidos muros de Abimelec, y será aturdido y arrojado al desierto. En el desierto sentirá una sed tan insaciable que buscará los viejos manantiales y los volverá a excavar.

Mi amigo Anthony, sobre el que escribí en un capítulo anterior, llegó a este punto hace tiempo. Me llamó un día de la nada y me dijo: «Necesito hablar contigo».

Cuando reconocí su voz, una imagen de él apareció en mi mente: un hombre de mediana edad que había dejado toda la seguridad que había conocido para venir al seminario y prepararse para el ministerio de Cristo. Se había sentido llamado. Había llegado con una gran expectativa de que Dios usaría su vida. Había tomado varias de mis clases.

Anthony terminó mi pequeña ensoñación con un grito de ayuda apagado. Comenzó revisando los últimos años. Había servido a una iglesia con éxito. Los miembros de la iglesia eran amigos; algunos incluso se habían convertido en buenos amigos. Le pagaban un salario decente. Tenía la libertad de hacer cosas en la iglesia más grande y servir como consejero y guía de los demás. Su vida parecía tan buena en muchos aspectos, pero en otros se estaba derrumbando.

Esta corta revisión de su vida le llevó a una confesión dolorosa. «Algo crucial falta en mi vida. Predico desde mi cabeza la mayor parte del tiempo, y cuando preparo el sermón, a menudo me pregunto si creo en lo que estoy planeando predicar». Con dolorosas pausas se quejó en voz alta: «¿Cómo puedo predicar algo con lo que no estoy conectado? Me siento tan falso».

Estas confesiones iniciales parecían romper el dique, y de sus labios salían meses de dolor y miedo acumulado. «Estoy plagado de dudas sobre Dios. Incluso me cuestiono algunas cosas ortodoxas en las que he creído toda mi vida. Mis dudas y mi fe suelta están afectando a otras partes de mi vida también. Algunos días siento que me estoy desmoronando».

Estaba escuchando a un alma devota y seria que había sido arrojada contra los muros de Abimelec y había sido arrojada al desierto de las pruebas. Sentí que estaba manteniendo las cosas juntas, pero apenas. ¿Qué le dices a un hombre que está en medio de una lucha de vida o muerte?

Sabía que no podía pronunciar una cura por teléfono. Pero cuando un alma está desesperada, tienes que hacer un esfuerzo. Le sugerí que intentara orientarse respondiendo a la pregunta «¿Qué está pasando en mi vida?» No puedes empezar a buscar un manantial hasta que no te hayas orientado.

Seguí esta recomendación con la sugerencia de que desenterrara el «agua fresca» de los compañeros. Esto es importante para todos los que nos encontramos en un lugar difícil: buscar a aquellos que pueden entender a lo que nos enfrentamos y hablar seriamente con ellos. Dios nos habla a través de los hermanos y hermanas.

Temiendo que yo cargara a Anthony con demasiadas tareas, me abstuve de sugerirle que encontrara un lugar de silencio para que pudiera estar quieto ante Dios. La gente que deambula por experiencias en el desierto puede necesitar gritar su dolor, y vomitarlo es bueno. Gritar nos da suficiente alivio para que podamos venir a un lugar tranquilo y estar lo suficientemente silenciosos en el interior para escuchar.

Nunca hablo con un amigo que está en el desierto sin preguntarle si puedo orar por él o ella. Cuando le pregunté a Anthony si podía orar por él, aceptó. Después de decir unas palabras, me detuve antes del "Amén". Cuando terminé, Anthony dijo, «Desearía que pudieras ver las lágrimas cayendo por mi cara. Se siente tan bien llorar. Ahora sé por qué tu nombre vino a mí mientras caminaba anoche».

Me detuve a dar gracias por Anthony y su testigo. Como muchos seguidores de Cristo, yo también lucho por recibir afirmación.

Cuando individuos como Anthony o tú o yo venimos a lugares desiertos, a menudo estamos tentados a creer que Dios está disgustado o enfadado con nosotros. No descarto el juicio de Dios, pero esa explicación sólo ofrece una opción. Tal vez Dios está usando este período de sequedad y pruebas para indicarle a Anthony que esta fase de su ministerio está llegando a su fin. O tal vez este momento llega para prepararlo para una importante misión que Dios tiene para él. Desde el principio, Dios ha usado hechizos de sequedad para despertar a su pueblo de la parálisis de su vida automatizada. Estas interpretaciones alternas esperamos que nos lleven—Anthony, tú y yo—a una consideración de la vida entre varias formas del llamado de Dios.

Ejercicios en discernimiento

Este capítulo ha abordado el desafío de mantener el llamado vivo. Las sugerencias se aplican a aquellos que han abrazado recientemente un llamado al ministerio pastoral, a aquellos que han recibido un llamado al ministerio en la iglesia o la comunidad, y a los pastores que han estado en el campo por varios años. Todos aquellos que son llamados por Dios necesitan un refrigerio.

1. Escribe un resumen de su experiencia de vida de la semana pasada, señalando lo siguiente: cuándo fuiste consciente de Dios durante la semana, y cómo, en retrospectiva, puedes ver cómo Dios estuvo trabajando en tu vida durante este tiempo. Escribe una oración que exprese tu gratitud a Dios y tu deseo de estar más abierto a la presencia de Dios.

2. Describe una forma en la que puedas ser más creativo en tu actual ministerio. (Para los seminaristas, «ministerio actual» significa ser buenos estudiantes).

3. Completa cada una de las siguientes oraciones. Escribe párrafos cortos de explicación.
   - Me gustaría decirle a un amigo que mi llamado...
   - Mi vida tendría más equilibrio si...
   - Me resulta difícil recibir afirmación porque...
   - Mi trabajo mejoraría si prestara más atención al estudio...

4. Recuerda los momentos en que te has sentido refrescado por el Espíritu. Describe uno de ellos en tu diario. ¿Qué puedes aprender de esta experiencia que te sea de ayuda ahora?

CAPÍTULO NUEVE

De llamado a llamado

El llamado de Dios tiene muchas caras, y sin embargo sólo hay un llamado. Lo que puede parecer un llamado múltiple en la vida de una persona esconde el hecho de que el único llamado de Dios es un llamado a una relación con Dios mismo. Este único y original llamado toma muchas formas. Para el ministro ordenado de Dios, el llamado puede haber comenzado con un llamado al seminario, seguido por un llamado a una iglesia o alguna otra forma de ministerio ordenado. Para el laico, el llamado único comienza con su bautismo en la comunidad de fe, pero también puede manifestarse posteriormente en varios cambios vocacionales. Este llamado a desarrollar una relación con Dios también se manifiesta en diferentes ministerios dentro de la iglesia—enseñar una clase, servir como anciano, trabajar con jóvenes. O el llamado puede ser similar a los varios ministerios que hemos identificado a lo largo de este libro. Todas estas diferentes formas de un llamado de Dios fluyen del único llamado.

El cambio es inherente a nuestra vocación, ya sea en la Iglesia o en el mundo. El patrón de cambio toma la forma de una transición de una forma del llamado a otro. Por ejemplo, una mujer puede sentir un llamado al seminario, y después de un período de discernimiento se inscribe en un seminario y estudia durante tres años. En su último año de formación en el seminario, comienza a buscar otra forma del llamado: pastor de una congregación. Se instala en una iglesia y la guía durante cinco o seis años. Cuando se inquieta, siente que su llamado a esa iglesia en particular está terminando. Comienza a buscar otro llamado o renuncia a su posición actual para esperar la guía de Dios. Cuando el nuevo llamado llega, ella responde y comienza a tejer su vida y energía alrededor del nuevo llamado. Este breve ejemplo ilustra lo que quiero decir con la frase «de llamado a llamado». La dinámica de esta experiencia parece ser el apego, el desapego, la transición y el reencuentro.

Dos historias de transición

A veces las descripciones teológicas del llamado se vuelven tan abstractas que son aburridas u oscuras. Para evitar ambos problemas, quiero trabajar con historias concretas de experiencias de mujeres y hombres, centrándome en dos historias en particular.

Una historia vocacional de un laico

Conozco a Timothy desde hace casi un cuarto de siglo. Para mí es la personificación de la fidelidad y la entrega. Su historia muestra la naturaleza de un solo llamado que toma varias formas significativas a lo largo de la vida.

Timothy no puede recordar un momento en el que no estuviera involucrado en la iglesia. Sus padres, que eran de medios modestos, lo llevaron a la escuela dominical y al culto, y estas primeras experiencias lo formaron en la fe. La estabilidad de su familia cambió cuando su padre se enfermó y murió. Debido a la temprana muerte de su padre y a la falta de recursos económicos de la familia, Timothy nunca esperó obtener un título universitario. Pero, por la providencia de Dios, se le abrieron puertas inesperadas, y después de asistir a dos instituciones diferentes, recibió su título.

Durante sus años de universidad, Timothy—a diferencia de muchos estudiantes de su edad—mantuvo una relación con Dios y la iglesia. A veces consideraba entrar en el ministerio ordenado, pero después de una dura batalla consigo mismo, decidió que no estaba siendo llamado a la ordenación. Después de la universidad, se alistó en el Cuerpo de Marines, se casó y emprendió su viaje. Después de servir como Marine durante cuatro años, escuchó el llamado de Dios que usaría sus dones de la manera más completa posible.

Su primer lugar de servicio fue con los Boy Scouts de América. Como ejecutivo era responsable de recaudar fondos, dirigir campamentos y reclutar voluntarios. Se lanzó al trabajo como si el destino de la organización descansara sobre sus hombros. Un servicio tan audaz y sacrificado llamó la atención de sus superiores, y le hicieron avanzar hacia un mayor liderazgo. Esto significaba pasar muchas horas en el trabajo, lejos de su familia, y moverse frecuentemente por el país. Esto tuvo un gran impacto en su esposa e hijas.

Timothy esperaba pasar su vida laboral con los Scouts y quizás algún día dirigir la organización. Pero este sueño no se cumplió, a pesar de su dedicación y trabajo duro. Debido a un informe falso en su expediente, debido a algunas tergiversaciones de la verdad compartida en los rangos de liderazgo, y la política de la organización, Timothy llegó a un callejón sin salida.

Enfrentar su situación de frente y evaluarla honestamente lo obligó a ver que su futuro con los Boy Scouts había terminado. Cuando me describió esta situación, dijo: «Cuando esto sucedió, me sentí enojado y disgustado con el liderazgo que había socavado mi vocación. Siempre pensé que, si me comprometía, trabajaba duro y mantenía mis relaciones claras, tendría éxito. Cuando las cosas no resultaron así, me sentí deprimido, frustrado y crítico. Empecé a buscar otro llamado».

En cuestión de semanas se convirtió en el oficial de desarrollo de una universidad local. La transición a la universidad fue sencilla para Timothy, y disfrutó de la sensación de satisfacción que obtuvo al crear un mundo mejor a través de la financiación de esfuerzos educativos.

Sus relaciones en la universidad contrastaban con las de su anterior trabajo. El decano académico, que era su supervisor inmediato, lo apreciaba profundamente, y lo invitó a la mesa con los otros decanos. Timothy recaudó con éxito dinero para nuevas cátedras en la escuela de negocios y otros departamentos.

Timothy pasó diez años en la universidad, lo que le trajo un sentido de realización personal, así como ricas recompensas financieras, sociales y espirituales. Esperaba permanecer en la universidad hasta su jubilación. Pero entonces llegó un nuevo presidente de la universidad que tenía su propio plan de desarrollo y alguien que quería implementarlo. Muy rápidamente Timothy vio la escritura en la pared y comenzó a buscar orientación para su próxima llamada.

Ese siguiente llamado no tardó en llegar: A Timothy le ofrecieron el puesto de oficial de desarrollo en un hospital católico. Tal vez recibió este llamado por su excelente trabajo en la universidad, o tal vez en parte por el libro que había publicado sobre aspectos de la recaudación de fondos. En cualquier caso, su gran fe y su vida de dedicación encajan bien con la fe y el trabajo de las hermanas católicas del hospital. A través de sus esfuerzos, la financiación del hospital aumentó un 15% anual durante los primeros seis o siete años. Fue ampliamente recompensado profesional, financiera y emocionalmente.

Después de que Timothy sirvió en el hospital durante diez años, la escena comenzó a cambiar. Las organizaciones de atención médica, incluidos los hospitales, tenían dificultades para cubrir sus gastos. La dirección del hospital carecía de una visión clara, y el apoyo que Timothy necesitaba para proyectos importantes simplemente no estaba disponible. De nuevo comenzó a sentirse cada vez más frustrado. En ese momento estaba en sus sesenta y tantos años, y comenzó a pensar en la jubilación.

Tal vez podría encontrar dos o tres buenos clientes y trabajar para ellos a un ritmo más lento. Entonces podría pasar más tiempo con su esposa e hijas y nietos, con la esperanza de compensar el estar lejos de casa tan a menudo cuando su familia era joven. Estas posibilidades le atrajeron, y fijó una fecha para su retiro. Con todo, su experiencia en el hospital fue una de las mejores de toda su carrera laboral.

Cuando tenía sesenta y cuatro años, Timothy se retiró. Sus esperanzas de trabajar por cuenta propia para unos pocos clientes no funcionaron. Varias alianzas no produjeron nuevos ingresos, y tuvo que afrontar el hecho de que tal vez sus años de trabajo remunerado habían llegado a su fin. Pero no creo que esta conclusión le haya molestado particularmente. De día en día esperaba ver a dónde lo llevaba la mano de Dios—a hacer más trabajo en la iglesia, ser voluntario en la comunidad y pasar más tiempo con su familia. Después de un año, Timothy concluyó que tal vez estaba siendo llamado a ser un buen abuelo y un voluntario que ayudaría a las iglesias y a las corporaciones sin fines de lucro a desarrollar esfuerzos de financiación.

Esta experiencia de llamado ilustra cómo el ser llamado a una relación con Dios puede encontrar expresión en varios contextos diferentes. También revela el alma de un hombre que ha sido fiel a Dios en cada uno de los contextos en los que ha servido. Además, la historia de Timothy revela una forma de lidiar con los llamados que son interrumpidos por eventos más allá del control de uno. Aunque Timothy siempre ha sentido la mano de Dios en su vida, revisar su historia vocacional reforzó su fe en la providencia de Dios. Descubrimientos similares pueden ser hechos por aquellos individuos que se encuentran en transición entre los llamados.

La transición de un pastor

Conocí a Bernard cuando se inscribió en un programa de maestría en teología en el Columbia Theological Seminary. En ese momento, yo estaba enseñando formación espiritual y espiritualidad cristiana, y él se inscribió en varias de mis clases. Su experiencia en la iglesia ilustra muy claramente las fases de la llamada que esbocé anteriormente: apego, desapego, transición y readaptación.

Bernard pasó los primeros nueve años de su ministerio en una pequeña iglesia en un pequeño pueblo de Carolina del Norte. La historia de la iglesia no es diferente a la de muchas otras congregaciones, y la experiencia de Bernard allí era predecible. Después de terminar su formación en el seminario, esta congregación lo llamó como su pastor. La iglesia estaba ubicada en un pueblo de molinos de algodón que había sido construido y pagado por el dueño del molino. Cuando Bernard llegó allí, la congregación estaba formada por un grupo bastante homogéneo de personas.

La mayoría de los seminaristas comienzan su ministerio con visión y vitalidad, y Bernard no era una excepción. Comenzó a visitar a los miembros de la iglesia y luego a los residentes de la comunidad, buscando fortalecer la iglesia y ampliar su alcance. Pero las cosas cambiaron cuando el molino cerró poco después de la llegada de Bernard. Cuando eso ocurrió, la gente que vivía en la zona y asistía a la iglesia consiguió mejores trabajos en otros lugares y se mudaron, pero aun así volvieron a su antigua comunidad para el culto dominical. Mientras tanto, como los residentes originales se mudaron del área, otros se mudaron. Cuando la gente nueva de la comunidad venía a la iglesia, no eran bienvenidos por los miembros originales, tal vez porque la mayoría de estas nuevas personas eran de un grupo socioeconómico más bajo. Bernard hizo sinceros esfuerzos de acercamiento, pero cuando los miembros de la iglesia reaccionaron negativamente, se alejó de estos «forasteros» también. Trabajó duro, mantuvo su ira reprimida y se agotó. Todo este tiempo estuvo traicionando sus más profundas convicciones.

Después de siete años de frustración, empezó a buscar ayuda para renovar la vida de la iglesia y su propia vida también. Asistió a una conferencia llamada «Cómo tener una iglesia llena de gracia». El título de la conferencia le atrajo, y el pensamiento de la misma le inspiró. En la conferencia aprendió muchas cosas que podrían ayudar a renovar y redirigir la congregación. Pero lo más importante que aprendió fue que una iglesia llena de gracia debe tener un pastor lleno de gracia.

Lleno de inspiración de la conferencia, este pastor buscador regresó a su pequeña iglesia y comenzó a predicar la gracia. Tal vez se estaba adaptando a su situación a la dirección de John Wesley hacia los predicadores metodistas: «Predica sobre la fe hasta que la tengas, y luego predica porque la tienes». En cualquier caso, Bernard predicaba sobre la gracia. La gente que se había mudado recientemente a la comunidad lo escuchó con gusto, pero los antiguos miembros de la iglesia rechazaron la palabra de gracia por ser demasiado permisiva. Exigían reglas, normas y rendimiento porque aún vivían bajo la ley.

Bernard siguió predicando la gracia y leyendo a los padres de la iglesia—Ireneo, Agustín y Crisóstomo. Su predicación y el hecho de incluir a los pobres del vecindario pronto precipitó una crisis en su iglesia. La tensión finalmente se hizo tan grande que decidió irse. Anunció sus planes seis meses antes de su partida. Durante el tiempo entre su anuncio y su partida, fue capaz de reconciliarse con la gente, ayudarles a comprar una propiedad en los suburbios para un nuevo edificio de la iglesia, y mantener su integridad en el proceso.

Cuando él y yo nos sentamos a hablar, me habló del camino a Columbia: «Me llevó un año separarme de esa congregación. Les había servido durante nueve años, y sabía que era hora de irme. Durante ese tiempo me habían succionado toda la vida, y tenía que acercarme a Dios de nuevo. Me sentí llamado a dejar esa situación tan seguramente como me había sentido llamado a ella». Su sentido de desapego había crecido tan fuerte como su anterior sentido de apego.

Durante el año de transición que pasó en Columbia estudiando para un Master en Teología, no dejó de ejercer el ministerio. Encontró un ministerio para los estudiantes internacionales que estaban solos y necesitaban amistad. Muchos de ellos necesitaban transporte también, y Bernard se sintió llamado a ayudarles a moverse por la ciudad. Él ministró a estas personas en su soledad y confusión, y ellos lo amaron por eso.

Aunque estaba involucrado en este ministerio, Bernard se centró principalmente en su búsqueda espiritual. Leía clásicos espirituales, asistía a clases, escribía trabajos y se reunía con un pequeño grupo para la confraternidad. Experimentó el lujo de pasar tiempo en el estudio y la oración, y redujo la distancia entre él y Dios. Tanto su vida como su visión del ministerio cambiaron. Y su estado civil también cambió: se enamoró de una mujer que asistía a la Universidad de Emory, y se casaron.

Le pregunté cómo se mantuvo durante un año sin un salario. Explicó que pidió prestados 20.000 dólares para vivir mientras estudiaba. Cuando me dijo eso, mi respeto por él y su respuesta al llamado de Dios se intensificó.

Le pregunté a Bernard si se había sentido ansioso por no tener otra llamada al final del año. Me dijo que ese período había sido ciertamente un desafío para él. Tenía que escribir una tesis, pero también tenía que atender a sus padres enfermos, lo que significaba mudarse a su casa por un tiempo. Extrañaba a la comunidad de

Columbia, y le resultaba difícil trabajar en su tesis en el aislamiento de la casa de sus padres. Pero no estaba ansioso por su llamado.

«¿Cómo llegaste a tu actual lugar de ministerio?» Le pregunté.

La pregunta encendió el fuego y el placer en él, y continuó su historia: «Me puse a disposición, y cierta iglesia recibió mi formulario de información personal de la denominación. Esta iglesia había pasado recientemente por una experiencia desilusionante con un ministro que había aceptado su llamado pero que se echó atrás en el último minuto. Esta desilusión llevó a toda la iglesia a reunirse para orar y discernir sobre su llamado al próximo pastor. Cuando me contactaron, sentí que habían envuelto el llamado en oración. Cuando acepté el llamado, el presbiterio tenía reservas sobre colocar a un ministro que creyera en la espiritualidad en un área urbana, pero finalmente aprobaron mi llamado de todos modos».

Mi pregunta sobre cómo iba su trabajo obtuvo una respuesta animada. «Nunca me he sentido tan realizado en mi vida», me dijo. «Esta pequeña iglesia está llena de gente con talento que siente el llamado de Dios para ministrar a los demás. Uno de los miembros con un llamado a predicar no podía dejar su trabajo para asistir al seminario. Así que lo envié a un asilo de ancianos y le dije que creara una congregación allí. Ahora les predica todas las semanas.

«Otro anciano talentoso quería trabajar con el grupo de treinta y tantos. Actualmente está reuniendo gente en los suburbios para orar y estudiar la Biblia. Planeamos comenzar una iglesia allí en unos pocos meses.

También hemos abierto nuestro edificio para que otros grupos lo usen. Tenemos una reunión de la congregación hispana en nuestro edificio, y también una congregación pentecostal negra. Algo está sucediendo en nuestro edificio todos los días de la semana».

«¿Qué explica el asombroso éxito que están teniendo?» Pregunté.

«Cambiamos el paradigma de la iglesia al reino», explicó. «No nos preocupa construir una iglesia sino ser constructores del reino—y lo estamos haciendo. No sólo cambiamos el paradigma, sino que sacamos las estructuras del camino y conectamos la pasión con el propósito».

«En mi presbiterio ahora me han apodado "el gurú de la reurbanización"». Este poderoso sentido de reatención ha confirmado la renovación personal y profesional de Bernard.

Desprenderse de un llamado

Casi todas las personas que he consultado sobre la vida entre llamados han mencionado la sensación de desapego que han sentido. Y la inquietud casi siempre acompaña a la disminución de un llamado a un ministerio en particular.

Jacob había sido ministro de la Primera Iglesia durante diez años cuando le hablé de los individuos despiertos de su congregación. Mientras discutía su relación con ellos, me dijo que planeaba renunciar a la iglesia en seis semanas. ¿Por qué pensó que era el momento de irse?

«Empiezo a sentirme inquieto y menos entusiasmado por el ministerio en este llamado en particular», explicó Jacob. «No estoy agotado, sé lo que se siente. Pero estoy experimentando un desapego interior de esta iglesia y de esta gente».

Sin responder a ninguna pregunta en particular de mi parte, Jacob comenzó a rumiar en voz alta. «No creo que esté huyendo de nada. No siento ningún disgusto particular por la gente o la situación. Simplemente creo que he hecho todo lo que puedo hacer por esta gente, y ahora necesitan un liderazgo diferente. No tengo ni idea de lo que me pasará cuando no tenga la responsabilidad de predicar cada semana. No puedo imaginarme a mí mismo sin ser un pastor. La perspectiva del futuro es aterradora, pero también emocionante».

Siempre he admirado la honestidad e integridad de Jacob. Mientras lo escuchaba, sabía que estaba escuchando a un hombre hablar con una honestidad intachable sobre asuntos críticos de su vida y su alma.

La sensación de Jacob de que su llamado estaba terminando fue impulsada por su creciente inquietud interna; para mi amigo laico Timothy, por otra parte, los signos del final eran externos, y muy repentinos. Después de haber dedicado quince años de su vida a la organización de los Boy Scouts, se topó con un muro de ladrillos. No tuvo oportunidad de asumir una posición de liderazgo importante, y creo que leyó correctamente esa puerta cerrada como una señal para salir. La puerta se había cerrado por el mal juicio de los demás, y Timothy estaba comprensiblemente frustrado y enojado. Pero creo que Dios nos habla en nuestra ira y frustración, así como nos habla en nuestro deleite y satisfacción. Y en el caso de Timothy, Dios estaba usando ese momento de rechazo para preparar un lugar especial para él, uno que traería afirmación y realización mucho más allá de lo que había experimentado en la organización de los Scouts.

La separación de Bernard de su congregación se produjo porque sus visiones y esperanzas para la iglesia entraron en conflicto con las de ellos. Sus esfuerzos por ampliar su visión fracasaron; su decisión de acomodar sus deseos lo llevó a quemarse. Durante un período de varios años, su energía se secó, perdió el entusiasmo, y luego comenzó a dudar de sí mismo y de su llamado. La conferencia a la que asistió para convertirse en una iglesia llena de gracia dio a luz una nueva visión en él. Esta nueva visión de la vida le dio el suficiente valor para arriesgarse a renunciar a la iglesia y también la fe para pedir prestado dinero para los gastos de subsistencia durante un año mientras volvía al seminario.

El desapego siempre ocurre ya sea por la pérdida de interés o el nacimiento de una nueva y más desafiante visión. A veces estos dos signos convergen. Si estás en un ministerio que drena toda la energía de ti y no puedes encontrar formas de renovarte, presta atención a tu pérdida. Si te falta un sentido de realización en tu ministerio y no sientes que tu trabajo valga la pena, empieza a sospechar que te estás separando de un llamado—o que estás siendo separado de un llamado. Además, cuando sientes que algo dentro de ti te empuja a alejarte de un ministerio en particular, escucha esta voz interior. Cuando empieces a pensar en hacer otra cosa, seguir un camino diferente o empezar un nuevo ministerio, presta atención. Dios puede estar trabajando a través de estos intereses y emociones cambiantes.

Las experiencias de Jacob, Timothy y Bernard parecen ser el preludio del final de un llamado o de su desprendimiento personal de un llamado. Los sentimientos que experimentaron también pueden indicar agotamiento, un estado de desgano y parálisis emocional. Si sufres de agotamiento, hay otras formas de responder que no sean la de irse. Puede considerar la posibilidad de reorganizar su horario para descansar más o alejarse más del trabajo, o ambas cosas. Y asegurarse de que sus tareas coincidan con sus dones le abrirá caminos para lidiar con esta condición estéril. El agotamiento también puede ser curado con el retiro y la renovación de la mente y el corazón.

Los síntomas que plagaron a Jacob, Timothy y Bernard también pueden indicar a veces un llamado más profundo al ministerio. Este llamado más profundo puede tener aspectos de duda y estéril que la prueba quema. El dolor del desierto o la oscuridad tiene una forma de purgar el alma de la escoria.

¿Cómo se distingue lo que significan los síntomas? Esto puede ser un asunto difícil. Incluso los discípulos serios pueden necesitar ayuda para discernir si su estado interior indica agotamiento o purgación.

Finalizando un ministerio

Los síntomas que acabamos de discutir pueden indicar la necesidad de renovación o ser una invitación a una mayor profundidad. Pero también pueden señalar el fin de un ministerio, como lo hicieron en los casos que he descrito. El fin de un ministerio no debe ser visto como el resultado de un fracaso o incompetencia o falta de dedicación. A menudo llega un momento en el que uno debe terminar un ministerio o terminar su conexión con un ministerio en particular. De hecho, una de las grandes tragedias en el trabajo de una vida es perpetuar un ministerio cuando su día ha pasado.

En 1963 dirigí la primera Misión de Testigos Laicos. Durante la siguiente década este ministerio creció—de una sola misión a mil en un solo año. Más de 50.000 laicos se involucraron en este evento de renovación de fin de semana. Venían de congregaciones de toda la nación. A medida que el ministerio creció, pasamos el concepto a una docena de otras denominaciones, que pronto desarrollaron sus propios programas.

Treinta años después fui invitado a hablar en una reunión de personas que celebraban el aniversario del nacimiento de la misión. Al mirar alrededor de la sala, vi las caras de los hombres y mujeres que habían estado conmigo cuando empecé el ministerio. El trabajo había sido bueno y satisfactorio para ellos y para mí, pero estas personas todavía se aferraban a un sueño cuyo tiempo había pasado. Yo había seguido adelante, pero ellos no, y me apené por ellos.

¿Cómo sabemos cuándo un ministerio ha terminado? ¿Cómo sabemos que un ministerio en particular debe ser terminado? Hay señales reveladoras que existen en cada ministerio, desde los programas congregacionales a los ministerios especializados en la iglesia y en la comunidad en general. Usaré mi experiencia con la misión laica para ilustrar estas señales.

Primero, un ministerio debe cesar cuando la necesidad que lo impulsó ya no existe. La misión laica que empecé hablaba de la necesidad de renovación, y esa necesidad no desapareció—pero la mayoría de las iglesias que pretendían acoger misiones laicas lo hicieron en la primera década después de que el programa se inició. Repetir la misión en una congregación en particular sólo condujo a una experiencia estilizada para una camarilla en la congregación. Sospecho que también dio lugar a algunas expresiones malsanas de la fe.

Segundo, un ministerio debe cesar cuando aquellos que lo iniciaron sienten que su propósito original se ha cumplido. Ningún ministerio debe ser perpetuado por su propio bien. El sueño original de la misión laica que empecé era llevar la renovación a los laicos en las congregaciones. Trajo renovación, pero no creció para incluir las nuevas necesidades que se derivaron de su éxito.

Tercero, un ministerio debería terminar cuando la gente nueva no sienta el llamado a involucrarse en la tarea. En los primeros días del programa de misiones laicas, había más personas que se sentían llamadas a servir como líderes y testigos que las que podíamos equipar y entrenar adecuadamente. Sin embargo, al final de la segunda década, la mayoría de los trabajadores eran los que habían empezado conmigo. Esto no era una buena señal.

Cuarto, un ministerio debe terminar—o ser transmitido—cuando Dios nos da una visión para la siguiente etapa del ministerio. Incluso mientras escribo este principio, me doy cuenta de que el sueño original puede alimentar la nueva visión, y si lo hace, la visión original debe ser transmitida a otros individuos. Los visionarios deben ir más allá del sueño original o morir. Congela la visión de un profeta, y matas al profeta. Es su destino ver una visión y perseguirla, y luego ver una nueva visión.

Varias consecuencias terribles siguen cuando un ministerio cuyo día ha pasado—o casi pasó—continúa. Cuando examinas un ministerio que efectivamente ha muerto pero que aún se perpetúa, notas que la gente involucrada en él continúa con los viejos patrones como si nada hubiera cambiado. Esto, por supuesto, es como vender hieleras en la era de los refrigeradores.

Los que perpetúan un ministerio muerto idealizan el pasado y viven de los recuerdos de hazañas y logros anteriores. Cuando el ministerio atesora sus historias de éxitos de ayer, una tradición se convierte en un escudo impenetrable, y protege a los participantes de los fríos vientos de la realidad. Cuando la tradición ha estado en su lugar el tiempo suficiente, toma un carácter sagrado, y el cese o cambio del ministerio es visto como una deshonra a Dios.

Tal vez la consecuencia más trágica de perpetuar un ministerio que ha muerto es la ampliación de la distancia entre los trabajadores y el ministerio, y entre el ministerio y Dios. Un ministerio que una vez fue vibrante y vivo con el Espíritu ha muerto, pero los devotos del ministerio se niegan a enterrar el cadáver. Esta es una tarea difícil pero necesaria. Como dice la antigua sabiduría tribal de los indios Dakota, «Cuando el caballo esté muerto, ¡desmonta!».

Cuando un ministerio ha muerto, la creación de una nueva visión y la recuperación de la esperanza puede marcar la diferencia, pero generalmente no se piensa en ninguna de las dos. Cuando la gente camina por el presente mientras se centra en el pasado, el futuro no existe. ¿Qué podría ser más triste?

Viviendo a través de la transición

Una de las disciplinas más difíciles en el período de transición es esperar a que se abra la nueva puerta. Jacob siente el miedo mezclado con la anticipación mientras espera una nueva dirección en su vida. Timothy lucha con qué concentrarse después de su retiro. Pasar de un día lleno de citas a un día que podría estar puntuado sólo por una llamada telefónica de un amigo desnuda las cosas hasta lo básico. Tal vez Jacob y Timothy—y tú—se verían ayudados por la experiencia de Parker Palmer. Sé que su historia, que relata en *Let Your Life Speak*,[6] fue iluminadora para mí.

Parker terminó su doctorado en Berkeley y se fue a Washington, D.C., como profesor y organizador comunitario. Creo que creyó que era el movimiento correcto que debía hacer. Pero después de cinco años en ese ministerio se quemó, y no sabía el camino a seguir. Como era cuáquero, conocía la comunidad de Pendle Hill, un centro cuáquero de estudio y contemplación en Wallingford, Pennsylvania, cerca de Filadelfia. Pidió quedarse allí unos meses para poder orientarse y encontrar un camino hacia el futuro. Debido a que era una comunidad de fe y oración donde había gente madura de discernimiento, se sintió seguro de que podría obtener ayuda para resolver el tema de su llamado.

Poco después de su llegada, los miembros de la comunidad lo amonestaron diciendo: «Ten fe y el camino se abrirá». Hablaron de «camino», no «el camino» o «un camino» sino el «camino» sin modificar. Cuando leí por primera vez esta amonestación en el libro, pensé que el artículo definido [el] o indefinido [un] había sido omitido por error. Sin embargo, mientras continuaba leyendo la historia de Parker, pronto descubrí que, si esto era un error, el narrador lo hizo de manera consistente. Constantemente hablaba de la apertura de «camino».

Pero «camino» no se abrió para Parker. Se desanimó, pensando que tal vez algo estaba mal con él. Un día fue a ver a una anciana de la comunidad y le confesó: «Me siento en el silencio; oro; escucho mi llamado. Pero camino no se abre».

---

[6] Palmer, *Let Your Life Speak* (San Francisco: Jossey-Bass, 2000), pág. 38.

Esta mujer sabia y madura le dijo que había sido cuáquera desde su nacimiento—durante más de sesenta años—y que camino nunca se había abierto delante de ella. De todas las palabras que Parker pudo haber escuchado, estas parecían las peores. Si «camino» nunca se había abierto para ella, ¿cómo podía esperar que se abriera para él?

Mientras él estaba en medio de sus pensamientos ansiosos, ella añadió, «Pero muchos caminos se han cerrado detrás de mí, y eso ha tenido el mismo efecto orientador». Esta fue una observación muy sabia. Mirar hacia atrás a lo que se ha cerrado puede indicar que hemos tomado el camino correcto. Así que en nuestra espera de que «camino» se abra ante nosotros, podríamos hacer bien en ver cómo «camino» se está cerrando detrás de nosotros. Una mayor certeza de dirección puede venir en retrospectiva que en perspectiva.

Debido a la edad que tengo hoy, hay mucha más retrospectiva que perspectiva en mi vida. A lo largo de mi vida he pasado por numerosas transiciones. Lo que he dicho sobre los finales y los comienzos ha sido muy influenciado por mi propia experiencia de pasar de esa manera. Escribir sobre cómo experimenté «camino» hace veinte o treinta años me resulta bastante fácil, pero me resulta más difícil escribir sobre «camino» en la actual transición que afronto.

Durante más de cincuenta años he sido un cristiano serio, y durante esos años he sido predicador, ministro de una iglesia, director de una organización paraeclesiástica y profesor. En todos estos roles he sido lo que yo llamaría un empresario religioso. El impulso de crear, de buscar la nueva forma de ser ministro o de hacer ministerio, ha caracterizado mi vida. En junio de 2000 me retiré como profesor de Espiritualidad Cristiana en el Columbia Theological Seminary.

El retiro representa el fin de un ministerio de una manera que no he experimentado antes. Antes de retirarme, había señales que me apuntaban en esa dirección. Sentí que mi trabajo como profesor había terminado. Había hecho lo que podía hacer para la renovación del clero desafiando los objetivos y modos de los actuales planes de estudio teológicos. Me había sentido realizado en ese llamado, pero sabía que estaba llegando a su fin. En el último año de mi ministerio, mi esposa, que también trabajaba como mi secretaria, notó que estaba terminando.

¿Cómo es mi vida en la jubilación? Mi cuerpo me ha hablado de vez en cuando, pero poco después de retirarme me gritó. En general, sin embargo, mi salud es buena. A través de los años mi esposa y yo hemos podido ahorrar un poco, gente generosa nos ha ayudado, y un cheque mensual del gobierno ahora provee adecuadamente para nuestras necesidades básicas. Así que el tema de mi vida se centra en una pregunta: ¿Qué quiere Dios que haga con mi vida ahora?

No creo que la jubilación signifique el fin del ministerio. Estoy llamado a ministrar hasta que muera. ¿Qué forma debería tomar en esta nueva situación? Cuando me retiré, planeé tomarme el primer año de descanso, pero creo que me acobardé. Así que en lugar de hacer eso, lo reservé lleno de retiros y estancias de un mes en tres iglesias. Todo esto cambió cuando experimenté lo que mis amigos del centro de bienestar llaman un «incidente». Tomé el «incidente» como una suave reprimenda a mi testarudez. Aun así, me enfrento a la pregunta de qué pretende Dios para mí ahora.

No me siento desanimado, ni me siento deprimido. No me sorprende este giro de los acontecimientos. Soy consciente de que el tiempo de Dios rara vez coincide con mis deseos, pero sé que el tiempo de Dios es el adecuado.

Hace unos días, mientras daba un paseo, me vinieron a la mente palabras que sonaban como el discurso de Dios: «Has estado en este lugar de no saber antes, y te he mostrado el camino a su debido tiempo. ¿No puedes confiar en que te revelaré mi voluntad para los años que te quedan de vida?»

Con esa palabra, espero con confianza que «camino» se abra ante mí—o se cierre detrás de mí.

Ejercicios en discernimiento

En este capítulo he compartido mis ideas sobre cómo desprenderse de un llamado para buscar uno nuevo. Si eres un estudiante de seminario, esto puede significar retrasar el entrenamiento hasta que tengas mayor certeza sobre un llamado. Si eres un laico en un ministerio, el desapego puede significar que has terminado cierta tarea que Dios tenía para ti. Si eres un ministro ordenado, puedes considerar dejar un llamado por otro.

Al considerar el final de un ministerio y el comienzo de otro, responder honestamente a las siguientes preguntas te ayudará. Piensa profundamente en cada una de estas preguntas y escribe las respuestas desde tu corazón.

1. ¿Todavía me siento realizado en este ministerio? ¿Sigue satisfaciendo las necesidades para las que se inició? ¿O este ministerio está realmente terminado?

2. ¿Es mi «desierto» un llamado a algo nuevo, o es un llamado a una relación más profunda con Dios? (Registra la evidencia de cada una de estas posibilidades).

3. ¿Puedo dejar mi seguridad y mi identidad actual para abrazar lo nuevo que Dios tiene en mente para mí?

4. ¿Confío en Dios para el próximo llamado? ¿Cuáles son mis temores y vacilaciones en esta coyuntura?

CAPÍTULO DIEZ

Lidiando con las piedras vivas

¡Qué cosa tan extraña y maravillosa está ocurriendo al comenzar el siglo XXI! Dios parece estar renovando la Iglesia de Jesucristo de una manera nueva y poderosa. La renovación no se origina en la estrategia humana y las innovaciones tecnológicas, sino en el Espíritu de Dios trabajando en la vida de la gente. No hay reglas de compromiso que le incumben a Dios, y así Dios, con perfecta libertad, inicia llamados de una amplia variedad de maneras. La docena de historias en este libro sobre hombres y mujeres llamados por Dios reflejan esta diversidad. Para aquellos de nosotros que estamos buscando el llamado de Dios para evidenciar en otros, esta diversidad nos impulsa a buscar más de cerca las huellas divinas.

Si esta dramática invasión del Espíritu es la forma en que Dios despierta y llama a hombres y mujeres laicos a ministerios específicos, debemos ser más astutos en nuestra escucha de Dios. Esta tarea pesa mucho sobre nosotros porque los ministros del siglo pasado carecían de formación en el discernimiento del Espíritu, y la generación actual de estudiantes de teología no está mucho mejor equipada. Como consecuencia de este empobrecimiento tanto en la formación como en la experiencia, muchos clérigos están asustados por estos actos de Dios bastante novedosos. Su temor los lleva a menudo a ignorar, suprimir, u oponerse directamente a lo que les parece puro fanatismo. No descarto sus miedos a la ligera. Yo también tengo miedo de los verdaderos fanáticos porque pueden hacer un daño irreparable. Pero la mayoría de los individuos llamados por Dios no son fanáticos. La mayoría necesita pastores compasivos y espiritualmente afinados que les ayuden a discernir la intención de Dios para sus vidas y aclarar cómo esta intención se relaciona con la congregación.

Planteo este punto porque es un asunto crucial cuando el Espíritu actúa entre nosotros. Los pastores necesitan perspectiva, sensibilidad espiritual y habilidad para comprometer a estos individuos llamados por Dios cara a cara, entrar en su discernimiento y servir como sus compañeros espirituales. Los miembros de la congregación necesitan una clara guía para discernir el llamado de Dios en los demás porque esta tarea también recae en ellos. Los hombres y mujeres laicos que han sido despertados por el Espíritu también necesitan guía para vivir en la comunidad de los bautizados. Muchos de nosotros podemos relatar ejemplos de individuos que parecían bastante extremos en su comportamiento después de un movimiento especial del Espíritu en sus vidas. Pero recuerdo un viejo dicho atribuido al obispo metodista Arthur J. Moore: «Es más fácil domar a un fanático que levantar un cadáver».

En este capítulo me refiero a los que han tenido una resurrección espiritual como las «piedras vivas». Es una frase sacada de las Escrituras: «Al acercarse a él, también ustedes son como piedras vivas, con las cuales se está edificando una casa espiritual. De este modo llegan a ser un sacerdocio santo, para ofrecer sacrificios espirituales que Dios acepta por medio de Jesucristo» (1 Pedro 2:4-5, NVI). «Piedras vivas» es el nombre que Pedro da a las nuevas personas que entran en relación con Cristo. Se hacen vivas a través de su iglesia y se unen con el mortero del Espíritu para formar un Templo de Dios, una morada santa.

La frase «piedras vivas» reside en mi memoria profunda. Se remonta a mis días en la universidad, cuando memoricé las Cartas de Pedro. Recientemente he hecho varios viajes con peregrinos a Israel, y hemos ido a Ibillin para ver al Padre Elías Chacour, un sacerdote palestino (melquita) que trabaja por la justicia. Cuando lo visitamos, siempre les dice a los peregrinos: «No pasen todo el tiempo mirando las piedras muertas que cubren el suelo. Conozcan las piedras vivas». Está ansioso de que los peregrinos entablen con los cristianos palestinos una conversación sobre la tierra y sobre su Señor.

Entretejido en cada capítulo de este libro hay historias de individuos que ya no son piedras muertas separadas del Templo de Dios; se han convertido en piedras vivas y vitales. Aquí hay una historia más.

Hace seis o siete años fui invitado a ayudar a una congregación a planificar y llevar a cabo una conferencia de evangelismo de fin de semana. La conferencia se centró en la tarea evangelizadora de la iglesia: alcanzar fuera de los muros para invitar e incluir a otros en la familia de Dios. Durante el curso del evento, conocí a algunos individuos que se preocupaban profundamente por esta fase de la misión de la iglesia; querían que su iglesia creciera. El presidente del evento tenía muchos dones y estaba profundamente comprometido con el ministerio de Cristo a través de su congregación. Todos trabajamos duro, pero muy poco salió del fin de semana. Fue un gran impulso, pero al final no tuvimos mucho que mostrar por nuestros esfuerzos.

Recientemente, el ministro de esa misma congregación me invitó a dirigir un retiro de oficiales allí. Cuando volví a ver a estos líderes, eran un grupo totalmente diferente. Algo dramático había sucedido desde que dirigí la conferencia sobre evangelismo varios años antes. Estos oficiales habían cobrado vida espiritualmente. Sus ojos brillaban con una nueva alegría y una seguridad de fe. Tenían una apertura a Dios que no había visto durante mi visita anterior. Hablaban con entusiasmo de su fe y mostraban un hambre profunda de Dios. Algunos hablaron libremente sobre el llamado de Dios a ellos y su deseo de discernir la voluntad de Dios claramente y seguirla. Este grupo de cristianos me recordó a la iglesia del Nuevo Testamento descrita en el libro de Hechos. El Espíritu entre ellos era vivo, estimulante y magnético. Quería ser parte de la transformación que Dios estaba trabajando en su comunidad de fe. La pregunta de qué hacer con estas «piedras vivas» surgió naturalmente de mi interacción con ellos. ¿Cómo respondió el pastor, que había sido criado en una congregación tradicional y entrenado en un seminario teológico reformado clásico, a esta obra del Espíritu? Sin duda, se guió por el miedo y la inquietud. Por un lado, no quería aplastar el trabajo del Espíritu. Pero, por otro lado, no quería que un grupo de fanáticos alienara a los miembros de toda la vida de la iglesia. Otros líderes pastorales y laicos compartieron su preocupación y trabajaron para preservar la unidad de la iglesia.

Esta comunidad de «piedras vivas» plantea muchas preguntas más amplias sobre el liderazgo y las relaciones. Los pastores de congregaciones con gente renovada como estas necesitan repensar su estilo de liderazgo y reorganizarse para un tipo de ministerio diferente. Cuando los individuos en la comunidad de fe experimentan la presencia de Dios en formas frescas y a veces milagrosas, crea malestar en los pastores con una fe frágil y también en los pastores con grandes necesidades de control. El pastor en esta situación ha hecho algunos cambios dolorosos pero positivos. A través de la obra del Espíritu, había revisado su visión del ministerio, su estilo de liderazgo y su forma de predicar.

La historia de Carol: Un «piedra viva» habla

En el primer capítulo de este libro, describí a Carol como una de esas personas que estaba siendo despertada a la Presencia y como alguien que perseguía un ministerio de cuidado amoroso a aquellos en su iglesia. Para iniciar una forma concreta de pensar sobre cómo las «piedras vivas» ayudan a renovar las congregaciones, quiero contarles sobre los futuros desarrollos en la vida de Carol.

Después de nuestra conversación inicial, ella entró en nuestro programa de Formación Espiritual en el Columbia Theological Seminary, y tuve la oportunidad de visitarla periódicamente durante los próximos tres años. Durante una de nuestras últimas visitas, me habló de un regalo que había empezado a manifestarse en su vida—el regalo de la curación.

La conciencia de su don le llegó de una manera extraña. Una noche se despertó del sueño por un extraño ardor en su corazón. Parecía que su corazón se abría de par en par y el amor entraba y salía de él. Con el calor llegó una profunda sensación de la presencia de Dios. Estaba abrumada por el encuentro. Después de eso, cuando se encontró con personas en dolor, casi fue superada por su sufrimiento. El calor y la sensación de amor que fluía de ella duró tres o cuatro meses. Durante este tiempo comenzó a reconocer que el amor de su corazón fluía hacia los demás en forma de curación. Cuando me dijo eso, le pedí que me diera algunos ejemplos específicos.

Me contó cómo un hombre judío, amigo de ella y su marido, había sido diagnosticado con dos tumores cerebrales presuntamente malignos. Estaba comprensiblemente asustado, y como conocía los dones de Carol, le pidió ayuda. Ella le explicó que era cristiana y que su ministerio era a través de Cristo. Le preguntó si eso sería un problema para él. «No, Carol», dijo él. «Confío en ti en todo lo que necesites hacer».

Antes de que él llegara a su casa, ella se preparó con una oración. Tenía velas encendidas y una música suave que la ayudaba a seguir orando. Después de que su amigo llegara, comenzó a pedir la ayuda de Dios en la sanación. La atmósfera pacífica, con música cristiana de fondo, la ayudó a permanecer en un espíritu de oración. A medida que su amigo se tranquilizaba, empezó a mover sus manos por el espacio de arriba y alrededor de su cuerpo, «suavizando» los campos de energía y reconociendo su deseo de que él fuera sanado y curado. Mientras rezaba, repentina e inesperadamente sintió que su mano se acercaba a su cabeza. Su mano se calentó intensamente, y cuando la miró, hubo un rayo de luz del tamaño de medio dólar irradiando desde su mano hacia su cabeza por encima de las sienes. El rayo parecía del tamaño de la cabeza de un alfiler donde entró en su cuerpo.

El hombre por el que oraba era un ingeniero atrapado en el mundo de la Ilustración. Cuando ella terminó de orar, él le dijo: «Sentí todo lo que hiciste. Supongo que tendré que repensar muchas cosas sobre mi perspectiva». Mientras que el poder y la luz parecen bastante milagrosos, Carol dijo que el mayor milagro de ese día fue la paz que su amigo sintió. «Por primera vez desde que me enteré de los tumores, estoy en paz», le dijo. «He estado tan asustado y perturbado que no ha habido nada más que miedo y confusión en mi mente. La paz se me ha escapado por completo». Cuando los cirujanos lo operaron la semana siguiente, encontraron una masa de vasos sanguíneos enredados, pero no tumores.

Este hombre era sólo una de las muchas personas por las que Carol oraba. La gente había empezado a acudir a ella, deseando sus oraciones para la sanación física, la sanación emocional profunda, y la sanación de las relaciones. Su pastor frecuentemente enviaba gente a verla. Ella siempre se ofreció completa y libremente para ser un instrumento de Dios.

Aun así, este regalo tenía un precio. Con honestidad y franqueza, Carol me confesó la lucha que había tenido con este nuevo ministerio. Le había gustado su vida tal como era. Las fuertes demandas de sanación comenzaron a cambiar su vida, y ella no quería que cambiara—y tampoco su familia. Su marido era muy importante para ella, y ella atesoraba su relación, pero se estaba poniendo nervioso por su espiritualidad. Sus hijos le preguntaban si se estaba «poniendo rara con ellos». Las tensas relaciones familiares se sumaron a la carga de ofrecer sanación por medio de la oración a tanta gente. Como resultado, se volvió más resistente a su don, a menudo deseando no poseerlo.

Se fue de retiro, buscando una resolución a su lucha interior. Mientras luchaba consigo misma, llegó a la conclusión de que no quería el don por lo que le estaba costando en muchas áreas de su vida. En un momento dado le dijo a Dios, «No voy a aceptar este don de sanación». Sin embargo, a medida que pasaba más tiempo reflexionando en silencio, le quedó claro que rechazar el don era también rechazar al Dador del don.

Cuando dejó el monasterio donde había estado en retiro, todavía estaba luchando. Poco después, una mujer a la que había visto en su iglesia, pero que no conocía personalmente, tocó el timbre de su puerta. Carol le pidió que entrara, y la mujer le preguntó si podía orar y leer algunos versos de las Escrituras. Después de que Carol lo hiciera, la mujer le dio un mensaje perturbador. Empezó diciendo que había habido varias veces en su vida en las que había conocido a alguien y Dios le había hablado en el momento del encuentro. Continuó diciendo que cuando conoció a Carol, experimentó ese fenómeno del Espíritu. Luego dijo sin rodeos: «Has sido elegida para recibir un don y no has sido muy receptiva o agradecida por ello». De pie en la cocina de Carol esa mañana, la mujer se dirigió a todos los temores de Carol y afirmó que Dios la usaría. Le prometió a Carol que Dios también proveería para ella, la cuidaría y la protegería. Después de orar por Carol, se fue.

Después, Carol se sintió enfadada y aturdida, como si le hubieran dado una bofetada. «¿Qué está pasando?» se preguntó a sí misma. «Sólo estoy tratando de mantener un grado de normalidad en mi vida, y llega este don que amenaza con interrumpir todo». Aun así, a pesar de sus miedos y su reticencia, Carol hizo una promesa ese día: «No le diré "no" a Dios, y confiaré en que Dios cuidará de mí y de mi familia».

Este don no es el final de la historia de Carol. Puede que ni siquiera sea el punto medio. De alguna manera supe ese día cuando se sentó por primera vez en mi oficina que Dios la había destinado para algo especial en su misión al mundo. Ella es, de hecho, una de las «piedras vivas» de Dios.

La historia de Jacob: Iluminando el rol pastoral

¿Cómo responde un pastor que ha sido entrenado en una tradición teológica clásica a aquellos individuos que han sido despertados por el Espíritu y a los que se les han dado dones y llamados para el ministerio? Creo que las personas cuyas historias he contado en esta exploración del llamado han, sin excepción, obtenido buenas respuestas de los pastores de sus iglesias. Tal vez esa es una razón por la que todos ellos han sido capaces de comenzar y llevar a cabo ministerios efectivos. Pero su experiencia podría haber sido muy diferente.

Por ejemplo, hablé con Jacob, un pastor de la vieja escuela, que fue muy honesto conmigo sobre cómo había respondido a las «piedras vivas» antes en su ministerio. Me dijo que cuando era pastor de una iglesia que tenía individuos «como esos» en ella, predicaba tres o cuatro sermones dirigidos directamente a ellos. «Eso es todo lo que se necesitó», explicó. «En cuatro o cinco semanas la mayoría de ellos se había ido a otras iglesias. Me propuse reunirme con los que no se habían ido y sugerirles que probablemente serían más felices en otra iglesia. Esos eran los días en que predicaba y vivía completamente en mi cabeza, y no tenía ningún sentido de la presencia de Dios en mi vida». Su objetivo era liderar una congregación tradicional fuerte en la adoración a Dios y en hacer de la comunidad un mejor lugar para vivir. ¿Cómo podía este hombre guiar eficazmente a las personas que estaban siendo llamadas por Dios para la misión?

Le pregunté a este pastor qué había cambiado su perspectiva de antagonismo y rechazo a una de estímulo y apoyo. Me dio una respuesta meditada y sincera: «Cuando el comité del púlpito de mi congregación actual se reunió conmigo mientras consideraba su llamado, me dijo: "Queremos un pastor que nos guíe en la evangelización y en la nutrición espiritual". No sabía exactamente lo que esos términos significaban para ellos, pero para mí eran bastante vagos. Cuando acepté el llamado, me comprometí a escuchar a ese tipo de personas que siempre había descartado antes. Pronto descubrí que esta congregación tenía un número de miembros que hablaban libremente sobre Dios y su experiencia de Dios. Expresaron su deseo de estar más cerca de Dios y de conocerlo mejor. Decidí escucharlos y tratar de entender lo que querían decir. La profundidad de su hambre y la persistencia de su búsqueda comenzaron a desgastarse en mí. Así que me convertí en un buscador de algo más en mi vida y ministerio».

Continuó con esta franca confesión: «Todavía no he perdido toda mi ansiedad por aquellas personas que tienen experiencias profundamente religiosas, pero he visto lo suficiente para saber que hay una realidad más allá del reino de la vista y el tacto. Me he convencido tanto en mi mente como en mi corazón de que hay un nivel diferente de fe que estoy empezando a experimentar. No me llamaría a mí mismo un profesor de esta manera, pero soy un estudiante serio».

No todos los pastores tienen el tipo de resistencia a las «piedras vivas» que mi amigo Jacob tuvo al principio de su ministerio. Pero, desafortunadamente, muchos todavía lo hacen. En la iglesia venidera, la necesidad de un pastor espiritualmente sensible aumentará a medida que el Espíritu siga llamando. ¿Qué papeles específicos necesita desempeñar el pastor despierto y espiritualmente sensible en la vida de los individuos «llamados»?

1. El pastor necesita ser alguien que anime al pueblo. Cuando cualquiera de nosotros comienza el camino de la obediencia, nos sentimos frágiles, y nuestros primeros pasos son tentativos. Necesitamos afirmación y aliento para persistir en el camino.

No hace mucho hablé con una amiga mía que pastorea una iglesia en Nueva Jersey. Desde su llegada a esa iglesia, la asistencia se ha disparado. Más importante aún, ella y la congregación comparten la convicción de que Dios está trabajando en su medio. Le pregunté qué hizo para alimentar la vida de fe en el pueblo de Dios. Ella dijo simplemente, «Los amo y los animo en sus ministerios».

Cuando le pregunté a mi propio pastor qué pensaba que los individuos «despiertos» necesitaban más, no dudó en decir, «¡ánimo!» Amplió esta respuesta diciendo que el sesgo del pastor siempre debe ser hacia decir «sí», afirmando a esas personas y apoyando su llamado de Dios. Para hacer su posición más clara, contrastó al pastor animador con el típico ministro de línea principal y de denominaciones históricas, que a menudo es analítico, crítico y escéptico. Demasiados pastores sirven como guardianes de la puerta, y muchos parecen tener una tendencia a mantener la puerta cerrada.

2. El pastor necesita hacer espacio para todos en la congregación. ¿Cuántas personas en una congregación se sienten marginadas? ¿Cuántos sienten que sus ideas y opiniones no importan? ¿Cuántos miembros despiertos también acampan en los márgenes? Sin la ayuda del pastor, la gente a la que el Espíritu está llamando se sentirá marginada y condenada al ostracismo. A través de la predicación, la enseñanza y el contacto personal, el pastor efectivo asiste a estas personas ayudándolas a encontrar su lugar en la vida de la congregación. Este nuevo día en la iglesia llama a prácticas que contrastan fuertemente con muchas prácticas comunes en la iglesia del siglo pasado.

Cuando le pregunté a mi amigo Jacob cómo respondió a las personas vitales de su congregación actual, buscó en su memoria. «Cuando esta congregación me llamó aquí para centrarse en la evangelización y la nutrición espiritual», recordó, «sabía que necesitaríamos un gran paraguas bajo el cual reunir a la gran diversidad de personas en la membresía. Así que vi mi papel como la apertura del paraguas más grande que pude encontrar». Hacer espacio para los recién despertados, ¡qué tarea tan deliciosa!

3. El pastor debe ser un recurso teológico para la congregación, especialmente para aquellos a quienes Dios llama a un ministerio laico u ordenado. Algunas congregaciones diferencian entre la experiencia del Espíritu y el conocimiento de las Escrituras y la teología. Esta es una falsa dicotomía. Los discípulos en crecimiento necesitan conocer la enseñanza de las Escrituras y el pensamiento de la iglesia histórica; esto les ayudará en su formación espiritual. Si no reflexionamos sobre la experiencia espiritual, es vulnerable a la perversión y a menudo se

convierte en fanatismo. Los buenos pastores ayudan a los miembros del cuerpo de Cristo a entender y asimilar sus experiencias de Dios.

4. El pastor tiene que ser un buen oyente. De hecho, escuchar puede ser el regalo más importante que un pastor puede ofrecer a un individuo despierto. Cuando una persona se escucha a sí misma hablar de la obra de Dios en el alma, no sólo le ayuda a resolver un llamado, sino que también le proporciona la tan buscada y muy necesaria aceptación. Sin un buen oyente, tal autoexpresión es imposible.

No sólo resuelve las experiencias mientras las expresa, sino que también le da a un pastor perspicaz información personal importante. El Espíritu usa esta información para ayudar al pastor a discernir la obra de Dios en la vida de esa persona. Y cuando el pastor tiene estas conversaciones con un número de «piedras vivas», desarrolla un cuadro multifacético del trabajo del Espíritu en la comunidad de fe.

Escuchar a alguien puede ser la mayor afirmación que podemos ofrecerle. ¿Qué mayor honor se le puede otorgar a una persona que la dignidad que implica escuchar? Este acto de gracia demuestra inequívocamente su interés en esa persona y comunica un sentimiento de importancia.

Tal vez la razón por la que algunos pastores no pueden escuchar es que nadie los ha escuchado. Es particularmente difícil escuchar a otro cuando uno mismo se siente desoído. La necesidad de hablar de un pastor puede tapar un par de oídos perfectamente buenos. Aquellos pastores que sienten que no tienen a nadie que escuche sus luchas tal vez necesiten escucharse a sí mismos, para determinar lo que su interior está tratando de decir para que puedan romper la barrera que les impide escuchar a los demás.

5. El pastor necesita servir como guía espiritual. En este libro he recomendado que aquellos que tengan nuevas experiencias de Dios consulten con su pastor. Cuando lo hagan, inevitablemente tendrán preguntas sobre lo que les está pasando. En estos casos el pastor asume el papel de director espiritual. Él o ella no da respuestas a los miembros de la iglesia que buscan, sino que escucha y busca discernir con ellos donde Dios está trabajando en sus vidas.

Aunque estos no son los únicos roles que los pastores desempeñan en sus congregaciones, los roles que he identificado son cruciales y ofrecen importantes puntos de partida. Cada uno de estos roles ayuda a nutrir la nueva vida del Espíritu para que madure en los individuos despiertos y tenga un efecto de levadura en la iglesia más grande. Si se va a producir un cambio genuino, debe incluir no sólo a los miembros «recién activados» sino también a los miembros tradicionales de larga data. Espero que los pastores protejan la nueva vida que está naciendo en sus congregaciones, se preocupen por aquellos que se encuentran apegados a las viejas costumbres, y finalmente conduzcan a la iglesia en el cambio mientras responde al Espíritu.

A la luz de la visión final de la nueva iglesia, ahora hablaré a las «piedras vivas» sobre algunas cosas que necesitan reconocer y practicar.

Una palabra a las «piedras vivas»

Cuando surgen problemas en la congregación debido al despertar de algunos miembros a la presencia del Espíritu, no todos los problemas surgen de los miembros tradicionales de siempre. Las personas que entran en la corriente del Espíritu a menudo contribuyen a la tensión y la confusión. A la luz de esta situación, quiero hacer algunas sugerencias a aquellas personas que han tenido un nuevo encuentro con Dios y están llenas de entusiasmo.

1. Permanece humilde acerca de tu experiencia extática de la presencia de Dios. No te hagas a la idea de que ahora eres superior a tus compañeros cristianos y que ellos son cristianos de segunda clase hasta que tengan una experiencia similar a la tuya.

Creo que harías bien en emular el ejemplo de Carol. En su dolor fue abrazada cálidamente por el amor divino. La presencia sanadora de Dios vino sin ser invitada y la rodeó con bondad y misericordia. Su vida cambió y su espíritu fue sanado. Habló con su pastor, pero no «anunció» su experiencia de Dios a los demás. Cuando la gente empezó a notar el cambio en ella, la buscaron.

Incluso cuando el fuego de Dios se abrió paso hasta su corazón, no salió a contarles a los demás sobre este santo encuentro. De hecho, el regalo de la sanación que vino junto con el fuego del amor divino la hizo sentir avergonzada en lugar de orgullosa. He aquí una persona que conoció a Dios de una manera asombrosa y se le dio un ministerio significativo a través del Espíritu de Dios, pero no se tomó a sí misma demasiado en serio. Nunca he conocido a una persona que mostrara más humildad y ejemplificara mayor dependencia de Dios que Carol.

El éxtasis en el Espíritu tiene una forma de apagar el sentido común, pero el ejemplo de Carol muestra que no tiene por qué ser así.

2. Resiste la tentación de privatizar tu fe. Cristo te ha llamado a expresar el cuerpo de Cristo, no a ser un solista. El ministerio no te pertenece, es de Cristo. Reconoce que eres un miembro de su cuerpo y

que necesitas el apoyo y el aliento de tus compañeros cristianos, así como ellos necesitan el apoyo y el aliento de ti.

Tal vez de todos aquellos cuyas historias de llamada hemos explorado, Ronald demostró sensibilidad a la comunidad de fe más claramente. Cuando empezó a sentir el llamado a ministrar a los niños en escuelas especiales, fue inmediatamente a su pastor y habló con él sobre el desafío. Más tarde llevó la necesidad de ayudar a estos niños al órgano de gobierno de su iglesia y los invitó a participar en la satisfacción de esa necesidad. Muchos de ellos escucharon el desafío y respondieron a él.

Como resultado de que Ronald buscara la ayuda y el apoyo de su comunidad eclesiástica, treinta o cuarenta personas tuvieron el privilegio de participar en el ministerio al que se sintió llamado. Debido a que basó su ministerio en la iglesia, no sólo tenía legitimidad sino también responsabilidad.

Los que privatizamos nuestro ministerio le negamos a la iglesia el privilegio de trabajar con nosotros, y perdemos tanto la protección como el desafío que la iglesia ofrece.

3. Eres un testigo contemporáneo de la presencia viva de Cristo— pero no olvides que hay un rastro de testigos de 3.000 kilómetros de largo detrás de ti. La generación actual tiende a ignorar la historia y a caer en la ilusión de que deben estar descubriendo todo por primera vez. Creo que esto es especialmente característico de las personas que se despiertan por poderosas experiencias extáticas. Tanto Carol como Reginald han tenido tales experiencias, pero a diferencia de muchos, han buscado en la tradición una guía.

Ya que ambos tuvieron encuentros tan poderosos y que cambiaron sus vidas con Cristo, podrían fácilmente haber buscado seguridad y sabiduría sin consultar la larga tradición. Afortunadamente, ninguno de ellos tomó esa ruta. Reginald se inscribió en un seminario para estudiar los documentos de la fe y las interpretaciones de la misma por el pueblo de Dios a través de los tiempos. Carol se inscribió en un programa de formación espiritual para aumentar tanto su conocimiento de las Escrituras como su conocimiento de la tradición cristiana.

La vida de una persona es demasiado corta para usarla como medida de la verdad. No hay ningún tema que nos enfrente hoy en día que no haya desafiado de alguna manera a los cristianos de otra época. Personas con tanta dedicación como nosotros hoy en día han buscado la sabiduría de Dios al vivir sus vidas en obediencia. Muchos de estos fieles discípulos nos han dejado registros de sus éxitos y fracasos. Somos tontos si no nos familiarizamos con esta antigua sabiduría.

Si quieres saber sobre la fe del pueblo de Dios, lee la Biblia. Si tienes un problema de discernimiento, revisa los dichos de los padres y madres del desierto. Si buscas el equilibrio en tu vida, lee las reglas de San Benito. Si tienes un problema de orgullo, consulta a Francisco de Asís. Los fieles—como San Ignacio, Juan Calvino, Martín Lutero, Juan Wesley, Jonathan Edwards, Thomas Merton y Henri Nouwen— ofrecen a los seguidores de Cristo mucha sabiduría en muchos temas. Recuerda que estás sobre los hombros de todos los que te han precedido, y que tienes mucho que aprender de ellos.

4. Continúa creciendo mientras vivas. No hay límite para el crecimiento espiritual. Bebe más y más profundamente de ese río oculto de la realidad que fluye bajo la superficie de la vida y participa en todas las cosas visibles e invisibles. Hay una realidad espiritual accesible para ti en todo momento. Ven al presente. Ábrete a esta realidad. Descubre que el Espíritu es una dimensión de toda la vida.

Daniel, cuya historia he contado antes en este libro, comenzó su viaje con la lectura de las Escrituras. Noche tras noche se mantuvo despierto leyendo hasta que se abrió camino a través de toda la Biblia. Su sed de conocimiento era realmente grande. Pero no se centró sólo en su lectura privada. En pocas semanas se unió a un pequeño grupo de estudio de la Biblia, asistió a la adoración para escuchar la Palabra de Dios hablada desde el púlpito, y buscó gente que pudiera enseñarle. Cuando hablé con Daniel, reconocí formas en las que podría ser más como Cristo, pero no dije nada. Tengo confianza en que el Espíritu que lo despertó lo guiará en el camino que debe seguir.

5. Deja que la luz de Cristo brille a través de ti. Él dijo, «Yo soy la luz del mundo; el que me sigue no andará en tinieblas, sino que tendrá la luz de la vida» (Juan 8:12). Pero el que es la luz del mundo también dijo: «Vosotros sois la luz del mundo» (Mt. 5:14). La distinción crítica aquí es que la luz que brilla a través de nosotros no se origina en nosotros. La nuestra es una luz reflejada. Esta luz no sólo ilumina nuestro camino, sino que también brilla en los caminos de los demás.

«Así brille vuestra luz», leemos en Mateo 5:16. Es importante notar que este texto no dice, «haz brillar tu luz». No tienes acceso al interruptor; sólo Cristo lo tiene. Él debe brillar a través de ti, y la alegre verdad es que lo hace. No puedes ver esta luz con tus propios ojos, pero otros la ven brillar y te la reflejan. Ya sea que la gente en tu vida sea cristiana o no, la luz en ti ilumina su camino. Tu luz calienta sus corazones y los anima en las cosas de Dios. Pero recuerda que tú mismo no puedes realizar el milagro de la luz. Es un regalo, es una gracia, y es de Dios.

Anteriormente en este libro te conté la historia de Kayron, una persona bellamente espiritual. Luchó con el sentimiento de que no era digna de servir a Dios. El abuso que había creado su sentimiento de indignidad fue también el fundamento de su ministerio. Ella perseveró y desarrolló un ministerio para niños abusados en la escuela, ayudando a pequeños corazones doloridos a liberarse de sus profundos secretos y su profundo dolor. Cuando se lamentó de su incapacidad para hablar con los niños sobre Jesús, le recordé que lo veían en ella, aunque no sabían su nombre.

Lo mismo es cierto para ti. La gente sobre la que brilla tu luz ve a Jesús en ti, aunque no sepan su nombre. Y no tienes que ser perfecto; recuerda que Jesús brilla a través de las grietas en los vasos rotos. ¡Alaba a Jesús por traer la luz, y deja que tu luz brille!

Una palabra a las congregaciones

La mayoría de los comentarios que he hecho en este libro han sido dirigidos a individuos en proceso de discernimiento. En estas últimas páginas quiero dirigirme a las congregaciones con respecto a su llamado corporativo. Estoy escribiendo a una iglesia que ha comenzado a hacer la transición a un nuevo día, una iglesia abierta al movimiento del Espíritu y que busca ser fiel a una visión. Las siguientes sugerencias deberían ayudar a dicha iglesia en este tiempo de transición.

1. Alimenten la presencia del Espíritu entre ustedes a través de la oración y la adoración. Dejen que un sentido de asombro y admiración impregne sus reuniones. Escuchen el llamado de Dios a ustedes como congregación.

2. Sean pacientes unos con otros. Los tradicionalistas deben ser pacientes con aquellos que experimentan una nueva vida en el Espíritu. Los individuos renovados deben mirar a los miembros tradicionales con aprecio. Cada uno necesita al otro. Los individuos recién despertados traen energía y vida fresca a la congregación, y los miembros más tradicionales sirven para contenerla y resistir un cambio demasiado rápido.

3. Enfoquen en el futuro. No se atasquen en el pasado, y no se paralicen con el conflicto en el presente. Mantengan sus ojos en las nuevas posibilidades que están ante ustedes.

Sueñen grandes sueños.

Abracen visiones imposibles.

Mantengan la esperanza viva.

Recuerden que eres el cuerpo de Cristo, que Cristo está vivo en ti, y que, con él, todas las cosas son posibles.

Un ejercicio en discernimiento

Como paso inicial, las iglesias que están experimentando el nuevo movimiento del Espíritu deben establecer un consejo para el discernimiento. Este consejo debería estar compuesto por el pastor, miembros del cuerpo gobernante que representan tanto a la «vieja iglesia» como a la «nueva iglesia», y unos pocos miembros de la congregación en general. El grupo debe tener de ocho a doce personas en él.

Fijen un día y una hora para la primera reunión del consejo. Pidan a todos los participantes que lean este capítulo de antemano. Inviten a todos a orar por la reunión.

El siguiente calendario proporciona un orden del día bastante específico para la reunión del consejo. Pueden modificarlo según sus necesidades, por supuesto, pero asegúrense de hacer los cambios con cuidado, ya que una cierta lógica rige el orden del día tal y como se da.

Reunión del consejo de discernimiento

7:15 Convoquen al consejo y abren con una oración. Expliquen que el objetivo del consejo es discernir el camino a seguir en el Espíritu de Cristo.

7:30 Que una persona describa las formas en que el Espíritu está trabajando en la congregación. Declaren claramente el asunto sobre el que desea discernir.

8:00 Pasen media hora en silencio en presencia de Dios.

8:30 Inviten a los participantes a compartir lo que les llegó durante el período de silencio.

9:30 Den a los participantes la oportunidad de discutir las percepciones reveladas, pero asegúrense de que todos se adhieran a esta regla: «Afirmen una percepción dada antes de plantear una objeción o una posibilidad negativa». (Nombren a una persona para que corrijan gentilmente a aquellos que rompan esta regla.)

10:00 Fijen una fecha para una segunda reunión del consejo y despidan al grupo.

Ilustraciones bíblicas del llamado de Dios

La comunidad de fe en el Nuevo Testamento, que llamamos «la iglesia», era un conjunto de individuos que tenían una profunda conciencia de la presencia del Dios vivo. Dios se había manifestado en Jesús de Nazaret, que vivía entre la gente, mostrándoles cómo era el Dios Creador. Una y otra vez varios individuos dieron testimonio de su experiencia de Dios a través de la persona de Jesús. Se hizo especialmente conocido por los discípulos, que lo siguieron, observaron su ministerio, y comieron y bebieron con él en sus casas. Cuando fue crucificado y resucitó de entre los muertos, ellos continuaron experimentando su presencia con ellos: los guió, llamó a nuevos discípulos y les dio poder a todos ellos para continuar su trabajo.

Mientras Jesús estaba con esta comunidad en la carne, prometió volver a ellos después de su ascensión. Cumplió esta promesa el día de Pentecostés, cuando regresó en el Espíritu para habitar esta pequeña comunidad de seguidores. Ahora Cristo no sólo los trascendió, sino que vivió en ellos como una presencia permanente. En y a través de esta comunidad continuó el ministerio que había comenzado durante su existencia histórica.

Incluso una lectura superficial de la historia de esta comunidad revela la característica más obvia de su fe: la conciencia de Cristo en ellos y con ellos. Hablar con él parecía tan natural como saludar a un vecino de al lado. Buscar su guía y recibir una nueva dirección para la vida de la iglesia sucedió tan a menudo que se convirtió en algo común. Uno tras otro, los miembros de esta comunidad fueron llamados por Cristo para compartir su ministerio. Estos individuos «llamados» no eran ministros ordenados en una iglesia institucional como la conocemos hoy en día. Eran simples, laicos ordinarios que se encontraron con el Señor resucitado y fueron enviados a su misión.

Creo firmemente que la iglesia del siglo XXI necesita prestar atención a la Presencia que la dio a luz y que la ha protegido de la extinción a través de los tiempos. Estoy persuadido de que hoy en día necesitamos desesperadamente prestar atención a la Presencia en nuestros corazones y en nuestro medio. Ni los líderes ni los miembros de las congregaciones necesitan ir a otro lugar en busca de Cristo. Más bien, necesitamos dejar la actividad sin sentido y los negocios vacíos y prestar toda nuestra atención a Cristo. Cristo está llamando, siempre está llamando, y necesitamos escuchar.

En las historias que conté al principio de este libro, ofrecí algunos modelos de lo que sucede cuando las mujeres y los hombres escuchan el llamado de Cristo. Estas historias no son de ninguna manera exhaustivas, pero son ilustrativas de la renovada intención de Cristo de llamar a la gente a la misión. Tanto los individuos como la comunidad en su conjunto necesitan estar constantemente alerta y receptivos al llamado de Cristo. De hecho, Cristo llama a la comunidad a actuar corporativamente en su misión.

La anatomía del llamado de Dios

No sólo quiero afirmar que la iglesia primitiva experimentó la presencia inmediata de Jesús resucitado, sino que también quiero caminar en ese mundo contigo. Anhelo que hoy podamos respirar el aire de la Presencia que respiraron y sentir la inmediatez de la Presencia que sintieron. Tal vez podamos aprender el lenguaje del Espíritu escuchando con ellos. Esperemos que una inmersión en el Espíritu de la comunidad del Nuevo Testamento inspire nuestra imaginación para que cuando miremos nuestra situación actual y las necesidades que nos claman, podamos ver con los ojos de Cristo y escuchar con los oídos de los fieles discípulos.

Al entrar en esta comunidad vital de la Presencia, ¿qué podemos aprender sobre las formas en que Cristo los llamó a compartir su ministerio? ¿Qué podemos descubrir que informará nuestra escucha de su llamado hoy? Un examen de estos diversos aspectos del «llamado» nos ayudará en nuestra búsqueda de maneras de discernir más claramente la voz de Dios que nos habla.

La historia de un llamado

Si pudiéramos situarnos en una reunión de la iglesia primitiva y preguntarles sobre la llamada de Cristo, ¿en qué pensarían? Sin duda, recordarían el llamado de Jesús a sus primeros seguidores. Conocían la historia. La habían escuchado docenas de veces de los labios de los pescadores y del recaudador de impuestos.

Si le pedimos a un miembro de la comunidad que nos cuente la historia, él o ella diría algo así: «Un día Pedro y Andrés estaban lavando sus redes en el Mar de Galilea cuando Jesús pasó por su punto de atraque. La multitud que le seguía le presionaba, y él pidió usar su barco. Pedro accedió, y sacó a Jesús remando un pequeño camino desde la orilla. Desde ese punto Jesús enseñó a la multitud, pero Pedro escuchó cada palabra que dijo. Cuando Jesús terminó de hablar, le dijo a Pedro que echara la red. Pedro se mostró reacio porque había pescado toda la noche y no había pescado nada. Pero obedeció al Maestro, y pescó un gran número de peces—tantos que llenó su bote y otro bote hasta rebosar. De hecho, los botes estaban tan llenos que comenzaron a hundirse. Fue entonces cuando Pedro cayó de rodillas ante Jesús, confesando que era un pecador. Jesús le dijo que no tuviera miedo, que de ahora en adelante estaría "atrapando" gente como había atrapado todos esos peces. Y Pedro creyó y obedeció. Lo dejó todo para seguir a Jesús». (Vea Lucas 5:1-11.)

¿Qué nos diría el narrador sobre el camino del llamado de Cristo en esta simple historia, una historia que se repite a menudo en la iglesia primitiva? Si quitamos la piel de la narración y miramos de cerca el esqueleto del llamado, ¿qué descubrimos? ¿No reconocemos que Jesús aparece en el mundo de Pedro?

Inicialmente Jesús invitó a Pedro a dar un pequeño paso para asociarse con él: le pidió a Pedro que le prestara su barca. Cuando estaba sentado en la barca en el mar, Jesús habló a la multitud, pero también era consciente de que Pedro le estaba escuchando. Por indirecta, Pedro estaba aprendiendo lo que significa estar asociado con Jesús. Después de terminar de enseñar, Jesús le dijo a Pedro que pescara en aguas que Pedro estaba seguro que no tenían peces. Aunque no había pescado nada la noche anterior, Pedro llenó la barca hasta rebosar de peces. En ese momento el fino velo que lo protegía del mundo trascendente se rompió, y se dio cuenta de que Jesús no era un hombre ordinario. Cuando la humanidad pecaminosa de Pedro se encontró con la santidad divina de Jesús, gritó sus sentimientos de impotencia. Cayó de rodillas a los pies de este hombre extraordinario, esperando que hablara. Como podemos ver, una serie de eventos habían preparado a Pedro para escuchar el llamado: su fracaso en su vocación, Jesús pidiendo prestada su barca, Jesús enseñando el mensaje, y Jesús dirigiendo y supervisando la pesca. Ese día Pedro cambió de vocación—cambió su vida—por su encuentro con Jesús.

El rol de la memoria en un llamado

¿Cuál es el papel de la memoria en la recepción o percepción del llamado de Cristo? Aunque Cristo entró en la conciencia de Pedro esa mañana, no era la primera vez que Pedro se encontraba con Jesús. Su hermano Andrés, que era socio de Juan el Bautista, lo había invitado a una reunión y conversación con Jesús antes de este incidente de pesca. ¿No recordó Pedro ese encuentro cuando Jesús le pidió prestado su barco? Cuando Cristo llama a alguien, la llamada a menudo viene después de un encuentro previo, a menudo uno que el individuo ha guardado en la memoria durante mucho tiempo.

En este encuentro imaginario con la gente de la iglesia del primer siglo, creo que sería esclarecedor entrevistar a Saulo de Tarso, que se convirtió en Pablo. Recuerdas sus antecedentes. Era un ciudadano romano nacido en Tarso. Había viajado a Jerusalén para estudiar la fe judía con Gamaliel, y sobresalió entre sus compañeros. (Vea Hechos 22:3.) Había sido celoso persiguiendo a la iglesia, y estuvo presente en la lapidación de Esteban, el primer mártir cristiano.

Saulo de Tarso fue también el hombre que tuvo un dramático encuentro con Cristo en el camino a Damasco. Fue curado, bautizado y confirmado en su vocación por un laico en Damasco llamado Ananías. A partir de entonces Saulo predicó la fe que una vez intentó destruir. Sus antiguos colegas trataron de matarlo, pero fue milagrosamente liberado. Los líderes de la iglesia en Jerusalén sospecharon de él hasta que Bernabé, el buen granjero de Chipre, respondió por él. Saulo (Pablo) escribió a la iglesia de Galacia sobre este período de su vida. Les dijo que después de su introducción a la fe, pasó tres años en Arabia. (Vea Gálatas 1:13-17.) Claramente, Saulo es el hombre al que debemos entrevistar, y su estancia en Arabia debe ser el tema de la conversación:

Pregunta: «Saulo, cuéntanos, si quieres, lo que hiciste durante esos tres años en Arabia».
Respuesta: «El mayor problema que me consumió durante esos tres años fue el significado de las palabras que me dijo Ananías después de bautizarme. Me dijo lo que el Señor le había dicho de mí: "Ve, porque él me es un instrumento

escogido, para llevar mi nombre en presencia de los gentiles, de los reyes y de los hijos de Israel; porque yo le mostraré cuánto debe padecer por mi nombre" [Hechos 9:15-16].

»Al principio me pregunté qué había hecho para ser elegido por Cristo para ser su instrumento de comunicación con las naciones gentiles, sus reyes y mis compañeros israelitas. Francamente, estaba abrumado. A pesar de que había aprendido mucho de Gamaliel, todavía no sabía lo suficiente sobre Cristo para ser su portavoz. Pero al revisar mi vida, me di cuenta de que había estado buscando el conocimiento de Dios en todos mis estudios en Jerusalén. Y me había destrozado la muerte de Esteban, que era un hombre muy bueno. Su fe radiante, incluso mientras moría, hablaba como un trueno en mis oídos.

»Mientras ordenaba mi entrenamiento de la infancia, mi estudio en Jerusalén, mi experiencia en el camino a Damasco, y la visita de Ananías a mí, de repente me di cuenta de que Dios me había elegido desde el vientre de mi madre [Gál. 1:15-16]. Él había estado trabajando en mi vida todos esos años sin que yo lo reconociera. Todos los años en los que pensé que estaba buscando a Dios, Dios no sólo me buscaba a mí, sino que usaba todas mis experiencias, incluso las negativas, para equiparme para la verdadera tarea de mi vida.

»Mientras hablo de esos días que pasé reflexionando sobre mi vida, aún me sorprende lo cerca que estaba Cristo de mí. Estaba tan cerca que hablé con él como estoy hablando con ustedes ahora. A veces se acercaba tanto que sentía que podía tocarlo. La intimidad que tuve con él durante esos tres años me formó y me dio poder para soportar el rechazo, el sufrimiento y el dolor que conocería en mi servicio a él».

Como ilustra el llamado a Saulo, Dios nos llama en el presente, pero a menudo el material del llamado se almacena en nuestra larga memoria. Todo en nuestras vidas tiene un significado, y a menudo toma años para que se haga evidente. Nada se desperdicia, ni siquiera nuestros pecados y años malgastados.

Señales de la presencia en un llamado

Cuando alguien atiende un llamado, la pregunta principal es: «¿Cómo sé que esto es Dios hablándome?» Cualquier persona que se ocupa de un llamado no sólo tiene el derecho sino también la obligación de distinguir el llamado de Dios de su propio autoengaño o anhelos secretos. Esta pregunta no constituye un descubrimiento escandalosamente nuevo; siempre ha sido una preocupación del corazón. De hecho, esta cuestión ha estado en el centro de atención durante mucho tiempo.

En los albores de la era cristiana, Juan el Bautista se enfrentó a esta cuestión tanto en sí mismo como en la preocupación corporativa de sus seguidores. Fue el precursor de Jesús. El papel de Juan el Bautista fue identificar y presentar a Jesús a sus seguidores y a las masas de gente marginada que vinieron a escuchar su mensaje. Cuando llegó el día de la presentación, estaba preparado con una respuesta a la pregunta de si Jesús era o no el Mesías.

Un día, cuando estaba reunido con sus discípulos, Juan vio a Jesús venir hacia él. Inmediatamente exclamó, «¡Aquí está el Cordero de Dios que quita el pecado del mundo!» (Juan 1:29). ¿Cómo supo esta gran verdad? Sus discípulos también deben haberse preguntado cómo pudo hacer esta afirmación tan rápidamente.

Juan no dudó en aplacar sus propias dudas, así como las de sus seguidores. Lo hizo dando testimonio de la señal que había recibido de Dios: «He visto al Espíritu que descendía del cielo como paloma, y se posó sobre Él... "Aquel sobre quien veas al Espíritu descender y posarse sobre Él, este es el que bautiza en el Espíritu Santo". Y yo le he visto y he dado testimonio de que este es el Hijo de Dios» (Juan 1:32-34).

La señal de Dios para Juan fue el descenso del Espíritu sobre Jesús. La señal de Juan a sus discípulos fue su testimonio personal. A través de estos eventos, que Juan no controlaba, se le dio una señal con la que identificar a Jesús. Cuando llamó a Jesús el Hijo de Dios, tuvo confianza inspirada por el símbolo de la paloma, y al hacer esa declaración cumplió con el llamado de Dios.

Señales similares se manifestaron a Pedro cuando Jesús lo llamó. La enseñanza que Pedro escuchó mientras estaba en la barca con Jesús fue una de las señales. Pero la señal más convincente fue la pesca milagrosa. De hecho, atrapar un enorme bote lleno de peces donde no había ninguno horas antes, recibir instrucciones para descargar el pescado de Jesús (un no pescador), y experimentar el asombro ante este gran espectáculo, todas estas fueron señales para Pedro.

A Saulo también se le dieron señales: la luz brillante que lo cegaba; la voz que le hablaba desde la luz; el orador, que se identificaba como «Jesús, a quien persigues»; y la confirmación de Ananías de que la misma voz que hablaba a Saulo también le había hablado.

Las experiencias de estos discípulos del Nuevo Testamento nos dan una idea de los signos que ayudan a autentificar el llamado de Dios.

Respuestas comunes al llamado de Dios

El llamado de Dios es generalmente un llamado a la acción. Juan el Bautista fue llamado para presentar a Jesús a sus discípulos y a Israel. Pedro fue llamado a convertirse en uno de los asociados de Jesús en su ministerio. El llamado de Pablo lo identificó como el Apóstol de los Gentiles. Otras dos historias también ilustran cómo los individuos en la era de la iglesia primitiva trataron con el llamado de Dios. Sus respuestas no son diferentes a las nuestras, y por lo tanto son útiles para que las examinemos.

Ananías, un discípulo de Jesús en Damasco, ilustra aspectos importantes de la respuesta al llamado de Dios. Tal vez él y otros de Damasco estuvieron en Jerusalén el día de Pentecostés. Tal vez él estaba entre la multitud que escuchó la primera proclamación del evangelio de Pedro. Junto con otros tres mil judíos, fue bautizado e instruido en la nueva fe.

Después de regresar a Damasco, el grupo de creyentes se reunió para orar y adorar. Mientras Ananías oraba una mañana, tuvo una visión, la que Teresa de Ávila llamaría una visión intelectual. En la visión escuchó la voz que le hablaba y respondió correctamente: «Aquí estoy, Señor». Esta respuesta significa «Estoy escuchando». La Voz le ordenó que bajara a la calle llamada Derecha, encontrara la hostería de Judas, y allí buscara a un hombre llamado Saulo, que estaba temporalmente ciego.

No había nada borroso o confuso en este llamado. Era claro y específico, y Ananías lo escuchó y lo entendió. Pero también estaba asustado por él. Sin dudarlo, discutió con el Señor. Explicó al Señor que él y sus amigos eran una pequeña y perseguida secta, y que los líderes judíos de Jerusalén habían enviado a Saulo para investigarlos. Ananías temía a este hombre, que tenía la autoridad para aprehender a los cristianos y llevarlos a Jerusalén y meterlos en la cárcel. Ananías no le dijo «No» al Señor, pero opuso una fuerte resistencia.

El Señor no reprendió o castigó a Ananías por su resistencia. Después de todo, Ananías había sido honesto con el Señor y había expresado preocupaciones legítimas. En cambio, el Señor declaró: «Ve, porque él me es un instrumento escogido, para llevar mi nombre en presencia de los gentiles, de los reyes y de los hijos de Israel; porque yo le mostraré cuánto debe padecer por mi nombre». (Hechos

9:15-16). Esta respuesta fue suficiente para Ananías; aplacó sus temores y le dio poder.

De todas las experiencias de llamado en el Nuevo Testamento, creo que lo que más me gustaría haber sido parte de esta. Me hubiera gustado estar en la casa de Judas en Damasco, en la calle llamada Derecha, cuando Ananías vino a ministrar a Saulo. ¡Piensa en ello! Ananías—un laico, recién convertido a la fe, y un devoto hombre de oración—sanando y ordenando a un perseguidor de la iglesia que se convertirá en el Apóstol de los Gentiles.

Su oración por Saulo expresa su total aceptación del llamado: «Hermano Saulo, el Señor Jesús, que se te apareció en el camino por donde venías, me ha enviado para que recobres la vista y seas lleno del Espíritu Santo» (Hechos 9:17). Ananías abrazó tan plenamente el llamado de Cristo que se olvidó de Saulo el perseguidor y se dirigió a él como «hermano». Se identificó con Saulo como uno que también había sido llamado. Así que este hombre que con integridad había querido rechazar el llamado encontró su camino a través de su propia resistencia e hizo lo que el Señor le pidió. Y como consecuencia bautizó y comisionó al Gran Apóstol. (Véase Hechos 9:10-20.)

Otra respuesta al llamado de Dios es ilustrada por María, la madre de Jesús. Cuando Dios la llamó, no necesitaba tanto la garantía de seguridad, como Ananías; lo que necesitaba era más información. Su llamado era muy confuso y aparentemente imposible, y antes de responderlo, necesitaba que le aclararan algunas cuestiones.

Aunque María no estaba preparada ni esperaba encontrarse con el mensajero de Dios, Gabriel se le apareció en Nazaret. A pesar de que su visión del mundo hacía espacio para los seres celestiales, todavía estaba asustada por la aparición del mensajero de Dios. Al darse cuenta de su miedo, el ángel la calmó y la confortó con palabras de seguridad: «No temas, María, porque has hallado gracia delante de Dios» (Lucas 1:30). Mientras sus temores disminuían, el ángel hizo este anuncio: «Y he aquí, concebirás en tu seno y darás a luz un hijo, y le pondrás por nombre Jesús. Este será grande y será llamado Hijo del Altísimo; y el Señor Dios le dará el trono de su padre David» (Lucas 1:31-32). ¿Cómo podía ser esto, preguntó María, ya que era soltera y todavía virgen? Gabriel respondió que la concepción en su vientre sería obra del Espíritu de Dios.

Con sus preguntas respondidas y sus temores acallados, María respondió: «He aquí la sierva del Señor; hágase conmigo conforme a tu palabra» (Lucas 1:38). Esta simple respuesta de una joven judía puede ser la más pura expresión de obediencia en todo el Nuevo Testamento. Su «sí» tuvo tremendas implicaciones. ¡Embarazada sin estar casada! En ese momento era una invitación al escándalo, especialmente si los escépticos pensaban que ella reclamaba la visita divina para encubrir un embarazo fuera del matrimonio. Sin embargo, se creía bendecida sobre todas las mujeres para llevar en su vientre y dar a luz al Hijo de Dios. ¡Qué simplicidad! ¡Qué obediencia total! «Hágase conmigo conforme a tu palabra». (Vea Lucas 1:26-38).

Al reflexionar sobre estas dos respuestas al llamado de Dios, podemos ver que aquellos que siguen la tradición bíblica no se van a medias, siguiendo cada capricho o noción que les llega. Más bien, se resisten a la acción inmediata, buscando información y consiguiendo que sus preguntas sean contestadas y sus almas calmadas antes de tomar decisiones importantes. Estas son percepciones cruciales para los discípulos de hoy en día.

El rol de la conversación en un llamado

La llamada de Dios es personal, pero no es ni privada ni secreta. El que es llamado debe compartir el llamado para aclararlo, darle forma y entenderlo completamente. Una vez más, cuando buscamos en el Nuevo Testamento ayuda para entender cómo tratar con un llamado, encontramos numerosos ejemplos de compartir el sentido del llamado con otros a través de la conversación.

El diálogo demostró ser una herramienta importante para María, la madre de Jesús. Poco después de que Gabriel partiera, María se dirigió a las colinas de Judea para visitar a su prima Isabel, que también estaba embarazada. Cuando llegó a la casa de Isabel, María relató el mensaje del ángel. En respuesta, el feto en el vientre de Isabel «saltó», e Isabel quedó llena del Espíritu Santo. En este estado de éxtasis le dijo a María, «¡Bendita tú entre las mujeres, y bendito el fruto de tu vientre!» (Lucas 1:42).

María respondió con asombro y maravilla en una canción de alabanza: «Mi alma engrandece al Señor, y mi espíritu se regocija en Dios mi Salvador» (Lucas 1:46-47). El registro que tenemos en el Nuevo Testamento es estilizado y formal, tal vez moldeado a través del uso litúrgico. Pero me imagino que este registro apenas araña la superficie del diálogo que se produjo entre María e Isabel. Como María, Isabel había experimentado una concepción milagrosa. Estaba más allá de su edad fértil, pero el Señor había hablado con Zacarías, su marido, prometiéndole un hijo—y así ocurrió el milagro. Su hijo no sería el Hijo de Dios, el Mesías o Salvador del mundo, sino que sería Juan el Bautista, quien prepararía el camino para Jesús. (Vea Lucas 1:39-56.)

¿Qué significó para María el diálogo con Isabel? Como podemos ver, era la confirmación de que ella había escuchado correctamente a Gabriel. Sin duda, contarle a Isabel su experiencia también lo aclaró en la propia mente de María. Y conocer la experiencia de Isabel debe haberle quitado algo de la extrañeza que María sentía por su situación. Compartir sus experiencias íntimas debe haber fortalecido el vínculo entre dos mujeres especiales. Como estas dos siervas de Dios, las personas en nuestros días también encontrarán confirmación y fuerza para cumplir sus llamados cuando las compartan con amigos y familiares de confianza.

Al igual que su madre antes que él, Jesús también conocía el poder de la conversación. Antes de que Jesús pidiera a sus discípulos que fueran sus seguidores, pasó tiempo escuchándolos y respondiendo a sus preguntas. Por ejemplo, el día que Juan el Bautista identificó a Jesús como el Cordero de Dios, varios de los discípulos de Juan siguieron a Jesús. Jesús les preguntó sobre sus intenciones y luego los invitó al lugar donde se alojaba, donde pasaron la tarde. Seguramente esta fue una tarde de conversación sobre la persona de Jesús y su misión. (Vea Juan 1:35-42.)

Inicialmente Jesús conversó con sus discípulos sobre su enseñanza para aclarar su entendimiento. Después de unos meses, formó a los doce en un pequeño grupo para una comunión y conversación más íntima. Concluyó su ministerio enseñándoles sobre su muerte y resurrección, cuando les dio los símbolos del pan y el vino como medio para participar en su sacrificio. Y estos son sólo algunos ejemplos del estilo de conversación del liderazgo de Jesús. No estaríamos muy lejos de concluir que todo su ministerio fue una larga conversación con sus discípulos en la que los equipó para llevar a cabo su ministerio ayudándoles a entender la naturaleza y el significado de su llamada y la de ellos.

Otra ilustración señalará un uso diferente de la conversación. Pablo a menudo parece reacio a entablar una conversación. A menudo cuenta lo que ya sabe, o da instrucciones a los miembros de las congregaciones. Si volvemos a su experiencia en Arabia, donde tuvo sus tres años de entrenamiento en el seminario, tenemos la impresión de que Jesús le enseñó a Pablo lo que necesitaba saber para cumplir con su llamado. A veces Pablo incluso se jacta de que no consultó con ningún otro ser humano ni entabló una conversación con los apóstoles, sino que aprendió lo que necesitaba saber en Arabia.

Cuando regresó de Arabia, fue a Jerusalén, donde pasó unas semanas conversando con Pedro y su hermano Santiago. (Vea Gálatas 1:13-24.) Pero esta audiencia con los líderes de Jerusalén tuvo que ser intermediada por Bernabé. Fue Bernabé quien garantizó la integridad de Pablo a Pedro y Santiago. A través de su patrocinio, estos líderes de la iglesia se abrieron a la conversación con Pablo. Era un tiempo para compartir el mensaje que cada uno predicaba y un tiempo para que Pablo fuera confirmado por aquellos hombres que habían seguido a Jesús en la carne. (Vea Hechos 9:26-30.)

Al tratar con un llamado, necesitamos la ayuda de otros creyentes de ideas afines para ayudarnos a discernir y dar forma al llamado de Dios. ¿Cómo puede suceder esto si no es a través de una conversación abierta y honesta?

La transición entre los llamados

En un sentido, el llamado de Dios es inmutable: Dios nos llama a estar en relación con Dios mismo en todo lo que se destina a nuestras vidas a lo largo de todos nuestros días. Esta voz permanente y persistente del llamado no varía. Dios siempre nos está llamando. Pero hay diferentes contextos del llamado de Dios y por lo tanto diferentes enfoques de nuestra visión y energía. El continuo llamado de Dios nos ayuda a hacer transiciones de una forma de llamado a otra. A menudo nuestra pasión por una forma debe disminuir antes de que una nueva forma pueda nacer.

Algo así sucedió en la vida de Pedro. Hemos examinado la anatomía de su llamado: Jesús tomó prestado su barco, enseñó a la gente desde él, dirigió la exitosa expedición de pesca, e invitó a Pedro a asociarse con él y su trabajo. Durante unos tres años, Pedro y los otros aprendices siguieron a Jesús por toda Galilea, hasta Cesarea de Filipo, y finalmente hasta Jerusalén. Cuando estuvieron en Jerusalén la última vez antes de la muerte de Jesús, Pedro reconoció la hostilidad de los líderes y escuchó sus amenazas. Cuando alguien le preguntó si era uno de los seguidores de Jesús, tuvo miedo, y negó que conociera a Jesús. Sin duda, Pedro no estaba seguro de su vocación en este momento.

Un amigo mío que reflexionaba sobre el «tiempo intermedio» de los llamados describió el dolor de vivir en la oscuridad. Durante este tiempo tuvo dificultades para centrarse en la presencia de Dios, en la oración y en su futuro. Estaba a flote, pero se sentía como un barco sin timón. «Era mi hora más oscura», me dijo ella. Vivir entre llamados puede ser un período de grandes pruebas.

Pedro estaba asustado por lo que había experimentado en Jerusalén. Perdió la visión que había estado creciendo en él desde que había dejado su barco y sus redes. Así que, no es sorprendente que volviera a lo que mejor conocía, buscando consuelo en lo familiar: la pesca. Pero Jesús no iba a dejar ir a Pedro. El primer domingo de Pascua, Jesús buscó a Pedro—y el escenario del primer llamado de Pedro se repitió. Pedro estaba pescando con algunos de los otros discípulos, pero no había pescado nada. Justo después del amanecer, Jesús apareció en la playa y les llamó, diciéndoles que echaran la red por el lado derecho de la barca. Una vez más la red se llenó hasta rebosar de peces, y en ese momento los discípulos supieron que el hombre de la orilla debía ser Jesús. Preparó el desayuno en la playa para Pedro y sus compañeros, y después de la comida habló con Pedro a solas, reconfirmando la llamada de Pedro diciéndole: «Apacienta mis ovejas». Esta conversación despertó el sentido de la llamada de Pedro, y su visión del futuro se aclaró a través de la nueva comisión de Jesús. (Vea Juan 21:1-19.)

Aunque fue breve—desde el viernes por la noche hasta el domingo por la mañana de la Semana de la Pasión—este fue un período «de tiempos intermedios» para Pedro. Durante ese tiempo se sintió desilusionado con su antigua asociación y enfoque. Pero creo que este sentido de desilusión y desapego era necesario para que pudiera reafirmar su compromiso con Jesús y oírle decir: «Apacienta mis ovejas». El encuentro con Jesús en la playa marcó la transición de Pedro el discípulo a Pedro el apóstol, una transición de seguir a liderar.

El período «entre los llamados» de Pedro es una versión condensada de la experiencia de todos los llamados por Dios. Responder al llamado de Dios toma una cierta forma cuando respondemos por primera vez, pero eventualmente esa forma cambia. Los cambios se producen en parte debido al crecimiento, porque cambiamos a medida que nuestros dones se desarrollan más plenamente y Dios nos coloca en roles de creciente responsabilidad. Pero el crecimiento es sólo una de las muchas cosas que Dios puede usar para liberarnos de un llamado y llevarnos a la nueva tarea que debemos asumir. El tiempo entre la separación y el recompromiso requiere una medida extra de confianza y sensibilidad al trabajo del Espíritu en nuestras vidas.

En esta sección he delineado y explorado varios aspectos del llamado de Dios para proporcionarles algunos parámetros y dimensiones de la vocación. Espero que las exploraciones bíblicas del llamado aquí despierten tu llamado más profundamente y lo enfoquen con mayor claridad.

Bibliografía

Farnham, Suzanne G.; Joseph P. Gill; R. Taylor McLean; y Susan M. Ward. *Listening Hearts: Discerning Call in Community.* Harrisburg, Pa.: Morehouse Publishing,1991.

Friesen, Garry. *Decision Making and the Will of God.* Portland: Multnomah, 1980.

Hudnut, Robert K. *Call Waiting: How to Hear God Speak.* Downers Grove, Ill.: InterVarsity Press,1999.

Johnson, Ben Campbell. *Discerning God's Will.* Louisville: Westminster/ John Knox Press,1990.

_____. *Listening for God: Spiritual Directives for Searching Christians.* Mahwah, N.J.: Paulist Press,1997.

Kincaid, Ron. *Praying for Guidance: How to Discover God's Will.* Downers Grove, Ill.: InterVarsity Press,1996.

Morris, Danny E., y Charles M. Olsen. *Discerning God's Will Together: A Spiritual Practice for the Church.* Nashville: Upper Room Books,1997.

Palmer, Parker. *Let Your Life Speak: Listening for the Voice of Vocation.* San Francisco: Jossey-Bass,2000.

Smith, Gordon T. *Courage and Calling: Embracing Your God-Given Potential.* Downers Grove, Ill.: InterVarsity Press,1999.

Willard, Dallas. *In Search of Guidance: Developing a Conversational Relationship with God.* Nueva York: HarperCollins,1993.

Acerca del autor

Ben Campbell Johnson fue un ministro ordenado en la Iglesia Presbiteriana (USA) y profesor emérito de Evangelismo y Dirección Espiritual en el Columbia Theological Seminary. Es conocido por su trabajo en los movimientos de renovación de la iglesia y en las relaciones interreligiosas entre una variedad de tradiciones de fe.

Más títulos de
Publicaciones Kerigma

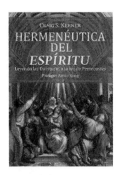

Hermenéutica del Espíritu

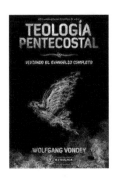

Teología pentecostal

Pentecostalismo

La Biblia, las discapacidades y la iglesia

Para una lista completa del catálogo de Publicaciones Kerigma, y además obtener más información sobre nuestras próximas publicaciones, por favor visita:

www.publicacioneskerigma.org

www.facebook.com/publicacioneskerigma

Más títulos de
Publicaciones Kerigma

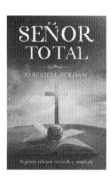

Señor Total

Reteniendo lo bueno

¡Mátenlos a todos!

Psico-Terapia pastoral

Para una lista completa del catálogo de Publicaciones Kerigma, y además obtener más información sobre nuestras próximas publicaciones, por favor visita:

www.publicacioneskerigma.org
www.facebook.com/publicacioneskerigma

Made in the USA
Monee, IL
05 November 2020